SALATE MAL ANDERS

Unwiderstehlich
----

neue Kombinationen

Therese Elgquist

INHALT

Mehr Salat für alle!

Nur bei wenigen Gerichten lassen sich so viele Aromen und Konsistenzen auf einmal zusammenbringen und so viel Gesundes auf ein und demselben Teller vereinen wie bei Salaten. In diesem Buch zeige ich Ihnen, wie Sie ganz einfach gesunde, vegetarische, attraktive und abwechslungsreiche Mahlzeiten in Form von Veggie-Salaten zubereiten, die viele Kontraste und Geschmacksrichtungen in sich vereinen und dabei richtig satt machen.

»Salate mal anders«, das ist etwas völlig anderes als klassische grüne Salate. Das sind üppige vegetarische, angenehm sättigende »Alles-in-einem«-Salate mit vielen Geschmacksnuancen und Texturen. Hier werden frische und interessante Blattsalate, Gemüse und Wurzelgemüse, Getreide, Hülsenfrüchte, Kerne, Nüsse und andere gute Sachen gekonnt gemischt und verführerisch angerichtet. Ruckzuck ist das Essen fertig und weckt jedermanns Appetit!

Bei der einfachen, aber inspirierenden Zubereitung entstehen leckere Gerichte, die Sie ebenso für die Mittagspause einpacken wie zum Familien-Brunch oder für Gäste zubereiten können. Hört sich das nicht verlockend an?

Der Grundsatz für einen guten Salat ist »Balance«. Diese Balance schafft man am besten durch eine wohlüberlegte Kombination von Zutaten aus verschiedenen Nährstoffgruppen, verschiedenen Geschmacksrichtungen sowie unterschiedlichen Zubereitungsarten und Texturen. Kommen dann dank guter Planung und Neugierde auf unbekannte Zutaten noch kleine Raffinessen hinzu, erreicht man ein ganz neues »Salat-Niveau« und erlebt spannende Genussmomente.

Ich will Ihre Einstellung zum Thema Salat ändern und zeige Ihnen, auf wie viele Arten Sie einen Salat zubereiten können. Die Zeiten sind vorbei, in denen ein Salat ein geschmackloses, uninteressantes Beiwerk war, das nicht im Geringsten satt machte! Ich zeige Ihnen ein paar Kniffe und habe Rezepte ausgesucht, mit denen ich Sie – so hoffe ich – für Veggie-Salate begeistere. Das Buch möge Sie anregen, in die wunderbare Welt von Salaten, Gemüse, Kräutern & Co. einzutauchen und die unendlich vielfältigen Möglichkeiten, sich gesund und aromatisch zu ernähren, zu entdecken.

Guten Appetit!
Therese Elgquist

Praktische und gesunde Zubereitung

Bei der Zubereitung der Rezepte aus diesem Buch werden Sie feststellen, wie einfach vieles ist. Mit guter Planung und etwas Vorbereitung sparen Sie sogar noch Zeit. Viele der Salatbestandteile lassen sich bereits einige Tage im Voraus zubereiten und werden dann nur noch hinzugefügt, kurz bevor der Salat auf den Tisch kommt. So ist es leicht, sich jederzeit vegetarisch und gesund zu ernähren.

Salate sind ein dankbares Essen, weil man sie bequem an bestimmte geschmackliche Vorlieben oder eine erforderliche Ernährungsweise anpassen kann. Alle Rezepte in diesem Buch sind vegetarisch und frei von Raffinadezucker, die meisten sind außerdem glutenfrei. Viele sind sogar vegan oder können leicht vegan zubereitet werden. Die Piktogramme neben den Rezepten informieren jeweils darüber. Wer unter einer Allergie leidet oder bestimmte Ernährungsweisen bevorzugt, kann in den meisten Fällen einfach eine Zutat austauschen oder etwas weglassen.

Neben den sättigenden »Alles-in-einem«-Salaten gibt es in diesem Buch auch Rezepte mit meinen Lieblingsgemüsen. Sie schmecken auch ausgezcichnet als Vorspeise, als Beilage zum Hauptgericht oder als Teil eines Büfetts. Oder Sie suchen sich ein Gemüserezept aus, ergänzen es etwa um eine Körnerzutat und etwas Blattsalat und stellen daraus Ihren eigenen Salat zusammen.

Alle Salate enthalten pflanzliche Proteine in irgendeiner Form, damit eine komplette Mahlzeit daraus wird. Wer möchte, kann natürlich auch gern tierische Proteine zum Salat oder zu den Beilagen servieren. Im Kapitel »Dressings und Pesto« finden Sie Rezepte für das besondere Extra zu jedem Salat.

Für die Zubereitung sämtlicher Rezepte sollte man Biozutaten bevorzugen. Zum einen wegen des besseren Geschmacks von Dingen, die im Einklang mit der Natur gewachsen sind, zum anderen aber auch, um keine gesundheitsgefährdenden Stoffe wie zum

Beispiel Spritzmittel aufzunehmen. Es gibt so viele Argumente, ökologisch und regional angebaute Nahrungsmittel der Saison zu kaufen! In den Rezepten kennzeichne ich nicht alle Zutaten ausdrücklich mit »Bio« – das ist für mich selbstverständlich.

Viele Produkte werden bei der Herstellung gesüßt. Werfen Sie deshalb immer einen Blick auf die Zutatenliste, wenn Sie Fertigprodukte verwenden – zum Beispiel auch bei solchen Dingen wie sonnengetrockneten Tomaten, gerösteten Paprikaschoten oder Mayonnaise –, um zu prüfen, ob Sie wirklich ein ungesüßtes Produkt in Händen halten.

Damit geht es Ihrem Körper am besten!

SO SIND DIE REZEPTE GEKENNZEICHNET:

VG

Vegan, ganz ohne tierische Bestandteile

NF

Nussfrei, ohne Nüsse (und Mandeln), kann aber Samen und Körner enthalten

GF

Glutenfrei

So machen wir »Salate mal anders«

Dieses Buch will Sie inspirieren, gesunde, nahr-
hafte, vegetarische und angenehm sättigende »Alles-
in-einem«-Salate zusammenzustellen. Mit kleinen
Kniffen und etwas Übung lernen Sie, tolle eigene
Salate zu kreieren. Die jeweiligen Zutaten ergeben
durch ihre Textur, den Geschmack, die Zubereitung
und die Nährstoffe ein ausbalanciertes Ganzes, was
sowohl für das Aroma als auch für die Gesundheit
wichtig ist (mehr zum Thema Essen und Gesund-
heit auf Seite 21). Die folgenden Stichpunkte helfen
dabei Ihre Salate zusammenzustellen.

TEXTUR

Mischen Sie in verschiedene Größen geschnittene Gemüsesorten. In einem grob zerpflückten Salat machen sich hauchdünn gehobelte Scheiben beispielsweise von Bunten oder Gelben Beten gut. Fügen Sie zu etwas Cremig-Weichem wie Hummus als Kontrast roh gehobeltes Gemüse hinzu und garnieren Sie den Salat mit gerösteten Kernen oder Nüssen, um auch etwas zum Knabbern zu haben.

GESCHMACK

Geschmacklich schaffen Sie eine tolle Balance, indem Sie Säure, Süße, Salzgehalt und manchmal auch Bitterstoffe richtig kombinieren. Das hört sich vielleicht etwas kompliziert an, ist aber gar nicht schwer. Wählen Sie einfach aus einer Auswahl an Zutaten wie diesen:

Säure: Essig, Zitrone, Limette, Rhabarber

Süße: frisches Obst, getrocknete Früchte und Beeren, Honig, Agavensirup

Salzgehalt: Himalayasalz, Meersalz, Tamari (würzige glutenfreie Sojasauce)

Bittergeschmack: grüne Blätter wie zum Beispiel Rucola, Petersilie und roher Grünkohl

TEMPERATUR

Manchmal mag man kalte Salate, manchmal lieber warme. An einem warmen Sommertag ist ein kalter Salat verlockend, an einem kühlen Herbstabend eher ein warmer. Jeden Salat können Sie aber rasch anpassen. Wenn man mitten im Sommer von einem verregneten Tag überrascht wird, fügt man einfach dem kalten Salat etwas Warmes hinzu, wie zum Beispiel gebratenen Tofu, Halloumi oder Fischfilets. Mit »kalten« Salaten sind übrigens immer solche mit Raumtemperatur gemeint, denn zu kühles Gemüse hat nicht mehr so viel Eigengeschmack, wie es eigentlich haben kann.

Nehmen Sie deshalb Gemüse oder fertigen Salat, die gekühlt wurden, bereits eine Weile vor der weiteren Zubereitung und dem Essen aus dem Kühlschrank, damit sie Raumtemperatur annehmen und so ihr volles Aroma entfalten können. Übrigens können Sie immer warm zubereitete und kalte Zutaten im selben Salat kombinieren, egal, ob Sie einen kalten oder warmen Salat herrichten.

ZUBEREITUNGSARTEN

Verschiedene Texturen, Geschmacksrichtungen und Temperaturen erhalten Sie, indem Sie Zutaten auf unterschiedliche Arten zubereiten. Etwas roh Gehobeltes mit etwas Eingeweichtem, etwas im Ofen Gebackenem und vielleicht mit etwas Gekochtem zu mischen, lässt im Salat viel »passieren«. Verschiedene Zubereitungsarten – das klingt vielleicht ein wenig schwierig und zeitaufwendig, aber es muss ja nicht alles gleichzeitig gemacht werden. Bestimmte Zutaten können prima vorab zubereitet werden, so wird die eigentliche Fertigstellung später deutlich vereinfacht.

JE NACH JAHRESZEIT

Unsere Jahreszeiten sind ein echtes Geschenk, auch, was die Zubereitung vegetarischer Salate angeht. Jede Jahreszeit hat nämlich ihre eigenen besten Zutaten mit ganz individuellem Geschmack und eigener Textur. In der wunderbaren Sommersaison mischen wir sonnenreife Früchte und frische Beeren in fruchtige Salate, im Herbst Grünkohl aus dem Garten oder vom Markt sowie frisch gesammelte Pilze.

Aufbau – die wichtigsten Bestandteile

Nun wissen Sie bereits, wie ein Salat ganz besonders werden kann. Kommen wir zur Beschreibung der verschiedenen Kategorien, aus denen ich versuche, meine Salate zusammenzustellen. Nicht jeder Salat enthält exakt etwas aus jeder dieser Kategorien, sie sind aber immer ein hilfreicher Ausgangspunkt. Wenn Sie etwas aus jeder Gruppe wählen, erhalten Sie einen ausgewogenen Salat voller Proteine, Kohlenhydrate, gesunder Fette, Vitamine, Mineralien und Antioxidantien.

GRUNDLAGE: GEMÜSE UND GRÜNE SALATE

Suchen Sie sich ein paar Salatsorten oder Gemüse als Grundlage für Ihren Salat aus. Vielleicht nach Jahreszeit oder warum nicht einmal nach Farbe? Seien Sie kreativ, experimentierfreudig und tasten Sie sich auch an neue Geschmackskombinationen heran. Drei bis fünf verschiedene Salatsorten oder Gemüse sind eine gute Richtschnur.

GETREIDE UND KÖRNER

Hafer, Dinkel, Hirse und roter Reis sowie Quinoa und Buchweizen sind nur einige leckere Dinge, die den Salat sättigend machen. Sie enthalten außerdem wichtige Vitamine sowie Mineralien und steuern einen kernigen Biss bei. Manche enthalten sogar Proteine.

PROTEINE

Neben manchen Getreiden und Körnern enthalten auch Hülsenfrüchte wie Linsen, Erbsen und Bohnen pflanzliche Proteine. Kichererbsen, grüne Sojabohnen und Cannellinibohnen sind die drei Sorten, die ich am häufigsten verwende. Im Unterschied zum tierischen Protein ist das pflanzliche Protein (mit gewissen Ausnahmen) nicht vollwertig. Damit unser Körper die pflanzlichen Proteine in vollwertige Proteine umwandeln kann – mit all den essenziellen Aminosäuren, die wir benötigen –, ist eine Kombination von beispielsweise Hülsenfrüchten (wie Linsen, Bohnen und Erbsen) mit Getreidearten (wie Hafer, Reis, Hirse und Dinkel) erforderlich.

Normalerweise muss man diese Kombination jedoch nicht groß bedenken, denn die Aufnahme muss nicht in einer einzigen Mahlzeit erfolgen. Bei einer gut ausgewogenen Ernährung gleicht sich die Zufuhr wie von selbst aus.

Sojabohnen und alle Produkte, die daraus hergestellt werden wie etwa Tofu, enthalten vollwertige Proteine.

GESUNDE FETTE

Nüsse, Kerne, Avocados und Öle sind wichtige Bestandteile einer gesunden, ausgewogenen Ernährung, denn sie tragen mit ihren lebenswichtigen gesunden Fetten zum Wohlbefinden bei. Nüsse und Kerne können einfach so oder geröstet verwendet werden, dann entfalten sie ihren ganzen Geschmack und sind schön knusprig. Bestreuen Sie Ihren Salat mit Nüssen und Kernen oder stellen Sie eine Butter als Grundlage für ein Dressing (oder als Aufstrich auf einem Brot) damit her. Wenn Sie allergisch gegen Nüsse sind, können Samen und Körner wie Leinsamen, Kürbiskerne, Sesamsamen oder Sonnenblumenkerne eine Alternative darstellen; manchmal auch Mandeln, denn diese sind keine Nüsse, sondern Samen einer Steinfrucht.

GRÜNE BLÄTTER

Hierbei denke ich vor allem an verschiedene Salatsorten und Kräuter. Ein einfacher Trick, um einem Salat – oder eigentlich jedem Gericht – Frische zu verleihen, ist, ihn mit grünen Blättern und einer großzügigen Menge an frischen Kräutern anzurichten. Rucola, junger Spinat und Feldsalat sind meine Favoriten. Legen Sie die grünen Blätter vor dem Servieren 10 Minuten in eiskaltes Wasser und lassen Sie sie dann gut abtropfen, bevor sie mit den übrigen Zutaten vermischt werden, dann sind sie besonders knackig. Die Kräuter gibt man am besten erst unmittelbar vor dem Servieren dazu, damit sie so frisch wie möglich sind.

BEILAGEN

Mit Beilagen meine ich alles, womit man den Salat ergänzen kann, das man aber auch weglassen kann. Ein Löffel Hummus gibt einen Proteinschub und macht den Salat schön cremig. Ein Stück Käse, im Ofen gebackener Tofu oder ein knuspriges Körnerknäckebrot können leckere Beilagen sein. Kurz gesagt: Beilagen machen einen Salat noch köstlicher und sättigen zusätzlich. Vielleicht wollen Sie einmal für Ihre Gäste einen meiner Salate und dazu eine der Gemüsebeilagen Ihrer Wahl ausprobieren?

TOPPING

Damit bekommt der Salat den richtigen Feinschliff. Frische Kräuter oder scharfwürzige Kresse geben sowohl noch mehr Aroma als auch Frische und sind außerdem ein hübscher Farbtupfer. Gerösteter Buchweizen oder Nüsse und Körner sorgen für einen kernigen Biss. Wenn Sie Früchte oder Beeren im Salat verwenden, dann legen Sie einige schöne Exemplare beiseite, um den Salat damit zu garnieren.

ANRICHTEN

Manche Salate mischt man am besten gut durch (zum Beispiel den Blumenkohlreis mit gebratenen Shiitakepilzen von Seite 27), aber häufig empfiehlt es sich, die Zutaten zu schichten. Das sieht nicht nur schöner aus, sondern alles wird garantiert gleichmäßig verteilt. Es ist besser, die Gemüsesorten vorsichtig zu verarbeiten, und empfindliche Zutaten wie Salatblätter und Kräuter fallen nicht so schnell zusammen.

ÖL UND SALZ

Der allerletzte Schritt der Salatzubereitung – unmittelbar bevor wir die erste Gabel davon in den Mund nehmen – macht die Qualität und den Genuss vollkommen. Träufeln Sie das Dressing oder Öl erst dann über den Salat, wenn er serviert wird, und streuen Sie zuallerletzt eine Prise gutes Meersalz darüber (außer bei »gekneteten Salaten« wie dem Gekneteten Rawsalat auf Seite 24, bei dem Öl und Salz helfen, das Gemüse weicher zu machen). Gelangt das Dressing zu früh an den Salat, können die Blätter bald schon traurig aussehen und durch das Salz an Flüssigkeit und damit an Knackigkeit verlieren. Bewahren Sie daher besser den grünen Salat, andere Salatgrundlagen und das Dressing oder die Beilagen jeweils getrennt auf, bis sie wirklich gegessen werden sollen oder bis alles andere vorbereitet ist.

Meine Vorratskammer

Vielleicht müssen Sie für meine Rezepte ein paar Zutaten besorgen. Gemüse und Salat kauft man natürlich am besten jedes Mal frisch, aber viele der trockenen Zutaten sollten im heimischen Vorrat stets griffbereit sein. Eine Packung Quinoa oder Linsen, eine Tüte Nüsse und eine Flasche Essig sind ergiebig und halten eine ganze Weile. Hier stelle ich die Vorräte vor, die ich immer im Haus habe. Frische Zutaten dazu – fertig ist der Salat.

ÖLE

Hochwertige Öle sind nicht nur gute Würzmittel, sondern auch eine ausgezeichnete Quelle für gesunde Fette. Olivenöl, Rapsöl, Sesamöl und Kokosöl sind die Ölsorten, die ich benutze, und dabei vor allen Dingen die kalt gepressten Öle. Diese werden bei der Herstellung nicht erhitzt, enthalten dadurch mehr Nährstoffe und haben häufig auch einen intensiveren Geschmack. Am besten passen sie zu kalten Gerichten und Dressings, weil ihr Geschmack und ihre Qualität bei hohen Temperaturen leiden (eine Ausnahme ist das kalt gepresste Kokosöl, das etwas höhere Temperaturen verträgt und sich deshalb gut für Zubereitungen im Wok oder zum scharf Braten eignet).

Manchmal muss man einfach nur einen Schuss gutes, kalt gepresstes Olivenöl oder Rapsöl über einen Salat träufeln, um den Geschmack zu intensivieren – ein naturbelassenes Öl oder eines mit zusätzlichen Aromen. Mein Tipp: Halten Sie stets ein Öl vorrätig, das Sie besonders mögen, um immer schnell und einfach damit würzen zu können.

Für warme Gerichte, zum Beispiel zum Braten, verwende ich normales, warm gepresstes Rapsöl. Dabei ist zu beachten, dass auch dieses Öl keine allzu hohen Temperaturen über längere Zeit verträgt. Eine Alternative ist kalt gepresstes Kokosöl, das Hitze gut verträgt. Neben den Sorten, die leicht nach Kokos schmecken, gibt es auch geschmacksneutrales Kokosöl für die Fälle, bei denen zwar die Eigenschaft des Öls, aber kein Kokosgeschmack gewünscht ist.

ESSIG

Essig gibt dem Dressing eine angenehme Säure und gleicht die Süße von Früchten und Beeren gut aus. Apfel-, Weißwein-, Balsamico- und Reisweinessig sind die Sorten, die ich am häufigsten in diesem Buch verwende. Mit mindestens einem Essig im Vorrat kommen Sie lange aus und können damit Ihre Salate vervoll-

kommnen. Suchen Sie sich am besten eine Sorte aus, die Sie zu allem verwenden können, etwa einen leicht süßsäuerlichen Apfelessig.

SALZ

Himalayasalz oder auch andere unraffinierte Steinsalze und unraffiniertes Meersalz zählen zu den wichtigsten Zutaten in meinem Vorrat; nur wenige Dinge verleihen einen so ansprechenden Geschmack wie ein gutes Salz. Himalayasalz ist ein unraffiniertes Steinsalz, das neben seinem natürlichen Salzgehalt auch einen niedrigen Gehalt an Natriumchlorid aufweist. Es enthält Mineralien sowie Vitamine, die dem normalen Speisesalz fehlen. Auch unraffiniertes Meersalz enthält mehr Mineralien und Vitamine als normales Speisesalz. Ich verwende feinkörniges Himalayasalz für Dressings, Marinaden oder Bällchen und unraffiniertes Meersalz für das übrige Essen. Über einen Salat streue ich vor dem Servieren ganz zum Schluss gern noch eine kräftige Prise Meersalzflocken.

NÜSSE, KERNE UND AVOCADOS

Cashewkerne, Mandeln, Kürbiskerne, Hanfsamen und Avocados dienen nicht nur dem kernigen Biss oder der cremigen Konsistenz im

Salat, sie ergeben auch ausgezeichnete Grundlagen für Dressings und Saucen. Kaufen Sie naturbelassene Nüsse und Kerne und rösten Sie sie in einer heißen Pfanne ohne Fett goldbraun. Bereiten Sie gleich eine große Portion davon zu und halten Sie sie in Dosen als Salattopping (oder für Suppen und Müslis) vorrätig. Avocados habe ich immer im Haus und verarbeite sie in vielen meiner Salate. Frische Ware ist vielseitig verwendbar, enthält wertvolle Fette und trägt zu einer cremigen Konsistenz bei. Avocados verwende ich ständig und liste sie deshalb hier auf.

GETREIDE, KERNE UND HÜLSENFRÜCHTE

Nackthafer, Emmer, Dinkel, Quinoa, Wildreis, Hirse, Belugalinsen und Kichererbsen habe ich fast immer in meinem Vorrat. Einige Arten muss man vor dem Kochen einweichen, aber viele kann man sofort kochen oder auch vorgegart kaufen. Nur noch Salat und Gemüse der jeweiligen Saison hinzufügen!

FRISCHE KRÄUTER

Frische Kräuter als Topping veredeln jeden Salat. Basilikum, Minze, Zitronenmelisse und Koriander aus dem Garten, von der Fensterbank oder vom Markt duften außerdem herrlich!

Die richtige Ausstattung

Mit der richtigen Ausstattung ist die Zubereitung von Salaten nicht nur leichter, sie macht auch mehr Spaß. Auf manche Geräte kann man gar nicht verzichten, während andere schon eher Luxusartikel sind.

GUTE MESSER

Auch wenn es sich nicht besonders originell anhört – aber das Kochen geht mit einem guten Messer leichter von der Hand und macht gleich viel mehr Spaß. Damit hacken Sie Nüsse im Nu, schneiden problemlos Ihr Gemüse in Stäbchen oder Scheibchen und erhalten schon beim ersten Anlauf die perfekte Stärke für Ihre Zwiebelringe.

MIXER

Mit einem guten Mixer (Stand- oder Stabmixer) pürieren Sie schnell und leicht Dips, Dressings und Saucen für Ihre Salate. Ich habe ihn immer griffbereit, denn für mich ist er das perfekte Gerät, um auch in der Alltagsküche mit einfachen Mitteln etwas raffinierter zu arbeiten. Danach ist der Mixer schnell gespült und nimmt im Schrank nur wenig Platz ein.

KÜCHENMASCHINE

Eine Küchenmaschine kann sehr praktisch sein, um beispielsweise Bratlinge oder Hummus zuzubereiten, besonders größere Mengen. Wenn Sie eine Küchenmaschine mit auswechselbaren Schneidscheiben besitzen, können Sie damit auch gut verschiedene Gemüse reiben oder fein schneiden, etwa für die Rote-Bete-Bällchen auf Seite 72.

MANDOLINE

Ein hervorragendes Schneidewerkzeug. Bei den meisten Geräten lassen sich unterschiedliche Schneidestärken einstellen, je nachdem, welches Gemüse für welchen Zweck geschnitten werden soll. Ich verwende die Mandoline sowohl zum Hobeln von Gemüse, wie zum Beispiel für Spargel-Fenchel-Slaw (siehe Seite 111), als auch, um Gurkenscheiben in die perfekte Stärke für meinen Nudelsalat (siehe Seite 43) zu schneiden, die dann gesäuert werden. Außerdem verwende ich die Mandoline für dekorative, hauchdünne Scheibchen, um meine Salate zum Beispiel mit Bunten Beten zu garnieren.

JULIENNESCHÄLER

Ein Julienneschäler ähnelt einem Kartoffelschäler, man schält damit dünne Stäbchen oder »Nudeln« von Zucchini, Möhren oder Süßkartoffeln.

ZESTENREISSER

Mit einem Zestenreißer lässt sich die Schale von Zitrusfrüchten fein abziehen und sorgt in Dressings oder über Salate gestreut für einen frischen Geschmack. Ein guter Zestenreißer erwischt tatsächlich nur die äußere Schale der Zitrusfrucht. Achten Sie darauf, immer Bio-Zitrusfrüchte zu kaufen, damit keine gespritzten Schalen verwendet werden.

DAMPFEINSATZ

Gedämpftes Gemüse bewahrt Farbe, Geschmack und Nährstoffe am besten. Außerdem geht die Zubereitung sehr schnell! Wer keinen Dampfeinsatz besitzt, verwendet ein Sieb aus Edelstahl, das ohne Bodenkontakt in den Topf passt. Beim Dämpfen muss der Topfdeckel geschlossen werden.

KÜCHENWAAGE

Bei Gemüse spielt das exakte Gewicht keine gar so große Rolle, in vielen Fällen darf es auch etwas mehr oder weniger sein. Aber für eine sorgfältige Zubereitung sollte eine Küchenwaage griffbereit sein.

SCHÜSSELN

Große und kleine Schüsseln aus Email, Keramik und/oder Glas sind unverzichtbar. Stellen Sie sich alle Zutaten in passenden Schüsseln und Schälchen beim »mise en place« (siehe nächste Seite) zurecht – das hilft enorm bei der Zubereitung der Salate. Hacken, Abmessen und Auswiegen können rechtzeitig vor dem Servieren geschehen und die Zutaten werden dann in verschiedenen Schüsseln bereitgestellt, bevor alles gemischt wird. Das erleichtert die Zubereitung, so werden auch keine Zutaten vergessen und die Salate werden in aller Ruhe fertiggestellt.

AUFBEWAHRUNG

In diesem Buch gibt es einige Zutaten, die gut in großen Portionen vorbereitet und für weitere Salate aufbewahrt werden können. Hülsenfrüchte, Bohnen und Wurzelgemüse, aber auch Dips und Dressings halten mehrere Tage im Kühlschrank. Das ist praktische Vorratswirtschaft – verwenden Sie Schraubgläser, die sich stapeln lassen. So erkennen Sie schnell den Inhalt und im Kühlschrank sieht es ordentlich und appetitlich aus.

Tipps für schnelle Mahlzeiten

Sie haben ein Rezept gefunden, das Ihnen besonders gut gefällt, Sie haben die entsprechenden Basiszutaten und frisches Gemüse vorrätig? Dann kann es losgehen! Mit ein paar Tipps und Tricks wird alles noch einfacher und Sie können die Salate an jedem Tag der Woche zusammenstellen, sei es für ein schnelles Essen oder auch für einen festlichen Anlass!

PLANEN UND VORBEREITEN

Mit guter Planung und ein wenig Vorbereitung haben Sie Ihr gesundes Mittag- oder Abendessen schnell fertig. Weichen Sie Buchweizen oder Getreidekörner am Vortag ein und marinieren Sie morgens den Tofu, damit er abends fertig zubereitet werden kann. Bereiten Sie die doppelte Menge Dressing zu, kochen Sie größere Portionen Getreide und Hülsenfrüchte auf einmal oder rösten Sie eine größere Menge Wurzelgemüse. Bereiten Sie eine doppelte Portion Hummus vor, die Sie als Beilage zu mehreren Salaten verwenden, aber auch auf ein Körnerknäckebrot streichen oder zum Füllen eines Wraps verwenden können. Die zusätzliche Portion Bohnenbällchen können Sie einfrieren und später einmal für einen Salat nutzen. Diese Arbeitsweise vereinfacht das Kochen, sie spart Zeit und macht es leichter, sich gut und gesund zu ernähren. Kaufen Sie sich stapelbare Schraubgläser, in denen Sie die vorbereiteten Zutaten im Kühlschrank lagern können. Dann ist ein sättigender, guter Salat immer schnell gemacht.

VARIIEREN SIE

Einen Salat oder bestimmte Salatzutaten vorzubereiten, bedeutet nicht, dass Sie mehrere Tage lang immer denselben Salat essen müssen. Oft reicht es, nur eine Zutat auszutauschen, ein anderes Dressing zu verwenden oder eine andere Beilage dazu zu servieren und schon ergibt sich ein ganz neuer Salat. Bei vielen Rezepten dieses Buches finden Sie Vorschläge, wie Sie die Salate variieren können. Einer der vielen Vorteile von Salaten ist, dass das meiste zusammenpasst! Seien Sie kreativ und trauen Sie sich, Bestandteile auszutauschen, je nachdem, was Sie mögen oder was Sie gerade im Haus haben. Als Richtschnur können dabei die Tipps von Seite 8 dienen: So macht man »Salate mal anders«.

MISE EN PLACE

»Alles an seinen Platz zu stellen« ist eine der nützlichsten Vorgehensweisen in der Küche. Alle Zubereitungsschritte werden vor dem Kochen vorbereitet. Stellen Sie sich eine Kochsendung im Fernsehen vor, bei der alles in Schüsseln aufgereiht steht. Sie behalten den Überblick und vergessen bei einem neuen Rezept nichts. Vielleicht klingt es nach mehr Arbeit, aber es spart Zeit und die Zubereitung geht danach wirklich viel schneller.

Ein paar Worte zum Thema Essen und Gesundheit

Sich zusammen an einen gedeckten Tisch oder auf eine Picknickdecke zu setzen, ist ein wichtiger Aspekt unseres sozialen Miteinanders. Während des Essens und gemeinsamen Genießens nehmen wir uns Zeit für uns selbst und steigern damit das eigene Wohlbefinden. Das Essen, das wir zu uns nehmen, beeinflusst auf vielfältige Weise unser Leben. Deshalb sollte eine gesunde, gut zubereitete und abwechslungsreiche Ernährung mit bewusst ausgewählten, wertvollen Zutaten ein selbstverständlicher Bestandteil unseres Alltags sein. Es ist schön und soll Freude machen, sich gesund zu ernähren!

Ernährung und der Bezug zu Nahrungsmitteln waren schon immer die wichtigsten Dinge in unserem Dasein. Vor langer Zeit ging es vermutlich meist ums nackte Überleben, aber heute geht es um wesentlich mehr als das. Im Guten wie im Schlechten macht das Essen einen großen Teil unseres Alltags aus. Viele Menschen haben großes Interesse an Nahrungsmitteln, Kochthemen und Esskultur entwickelt und beschäftigen sich intensiv damit. Leider hat

das Thema »Ernährung und Gesundheit« aber auch zu viel zu strengen Regularien und Verhaltensvorschriften geführt, die das Essen oftmals fast verleiden. In solchen Fällen gilt es, zurückzurudern und sich zu erinnern, um was es eigentlich geht. Für mich heißt die Antwort: Balance. Es gilt, die Balance zu finden zwischen einem aktiven Lebensstil in Kombination mit einer Ernährung mit wertvollen, naturbelassenen Nahrungsmitteln, die schonend zubereitet werden. Das trägt mit Sicherheit zu einem gesunden Leben bei, das wir doch erstreben sollten.

MIT ALLEN SINNEN ESSEN

Es sind bei Weitem nicht nur die gesunden Zutaten, die zur Gesundheit beitragen – auch wenn sie einen großen Anteil daran haben. Es geht auch darum, wie man isst. Indem wir etwas Gutes, Abwechslungsreiches zu uns nehmen, das auch Kontraste und etwas Überraschendes bietet, und nicht zuletzt durch ein Essen, das auch optisch ansprechend ist, werden wir zufrieden. Ein Teller mit

einer gesunden, bewusst getroffenen Auswahl an Zutaten verschiedener lebenswichtiger Nährstoffgruppen (Kohlenhydrate, Fette und Proteine sowie Vitamine und Mineralien) lässt kein Verlangen nach mehr entstehen. Wir fühlen uns zufrieden, gesättigt und froh. Die Salate in diesem Buch sind nach diesem Prinzip aufgebaut: Sie enthalten von jedem etwas, damit Geschmacksknospen, Magen, Augen und alle anderen Sinne zufriedengestellt werden.

Gönnen Sie sich selbst eine Auszeit, setzen Sie sich ganz in Ruhe hin und genießen Sie Ihren Salat. Lassen Sie alle Sinne registrieren, was Sie gerade essen. So wird die Mahlzeit ein echter Genuss!

KALTE SALATE

Die kalten Salate in diesem Buch sind meist schnell zusammengestellt, denn die frischen Zutaten dazu sind mit wenig Aufwand vorbereitet. Besonders fix geht es mit vorgekochter Quinoa, Hirse, verschiedenen Getreidesorten oder Reis im Kühlschrank oder mit vorgekochten Bohnen als Konserve im Vorrat. In der warmen Jahreszeit ist ein kalter Salat unwiderstehlich und macht sich außerdem sehr gut auf jedem Büfett. Mit »kalt« meine ich nicht »eiskalt aus dem Kühlschrank«, sondern mit Raumtemperatur. Verwenden Sie möglichst sonnengereifte Zutaten, sobald diese erhältlich sind. Stellen Sie gekühlte Speisen schon eine Weile vor dem Verzehr aus dem Kühlschrank, damit sich der Geschmack entfalten kann. Denken Sie daran, dass kalte Salate etwas kräftiger als warme gewürzt werden können, denn kaltes Essen schmeckt oft etwas weniger stark als warmes. Wenn Sie in der kälteren Jahreszeit Lust auf Salate verspüren, können Sie sie gut mit etwas Warmem kombinieren, etwa Backfisch oder Tofu.

Gekneteter Rawsalat mit Brokkoli, Spitzkohl und Sojabohnen

4 PORTIONEN

VG

GF

NF

Das Geheimnis eines richtig leckeren Rohkostsalats liegt darin, das Gemüse mit gutem Öl und einem würzigen Salz durchzukneten. Dadurch werden die grünen Blätter weich und bekommen einen milderen Geschmack, weil das Gemüse seine harte Struktur verliert. Außerdem hilft das Öl unserem Körper, die fettlöslichen Vitamine A, D, E und K aus vielen Gemüsesorten aufzunehmen. Sogar die Limette in der Vinaigrette hilft dem Körper durch ihren Vitamin-C-Gehalt, das in vielen grünen Gemüsesorten wie Brokkoli enthaltene Eisen besser zu verarbeiten.

ZUTATEN

1 Brokkoli
1 mittelgroßer weißer Spitzkohl
1 mittelgroßer roter Spitzkohl
1 EL kalt gepresstes Sesamöl
½ TL Himalayasalz
2 Avocados
250 g grüne Sojabohnen
(TK aus dem Asiahandel, aufgetaut)

CHILI- UND SESAMVINAIGRETTE

1 rote Chilischote
Zesten und 2 EL Saft von 1 Bio-Limette
2 EL kalt gepresstes Sesamöl
1 TL Agavensirup
1 EL Apfelessig
1 EL geriebener Ingwer
Himalayasalz

TOPPING

2 EL schwarze Sesamsamen
Rote-Bete-Sprossen (nach Belieben)
20 g geröstete Kokos-Chips
(nach Belieben)

ZUBEREITUNG

1. Für den Salat den Brokkoli waschen und in kleine Röschen teilen; den Stiel in dünne Scheiben schneiden. Den Spitzkohl putzen und in Stücke schneiden. Brokkoli und Spitzkohl gut mit Öl und Salz durchkneten, durchziehen lassen.

2. Die Avocados halbieren, vom Kern befreien, schälen und in Scheiben schneiden.

3. Für die Vinaigrette die Chili waschen, halbieren, vom Stielansatz befreien und fein hacken.

Wer weniger Schärfe bevorzugt, entfernt auch noch die Samen. Alle Zutaten für die Vinaigrette verrühren und mit Salz abschmecken.

4. Den gekneteten Kohl mit Avocadoscheiben, Sojabohnen und Vinaigrette in einer großen Schüssel mischen. Mit Sesam sowie Rote-Bete-Sprossen und Kokos-Chips nach Belieben bestreuen.

Blumenkohlreis mit gebratenen Shiitakepilzen, Spinat und Koriandermais

VG

GF

NF

4 PORTIONEN

Blumenkohl ist so vielseitig verwendbar: vom Pizzaboden bis zu einem kleinen Knusper-Couscous oder wie hier als »Reis«. Blumenkohl hat selbst wenig Eigengeschmack, umso besser nimmt er alle guten Aromen an, mit denen man ihn mischt. Dieser schnell zubereitete Salat erhält durch gesäuerten, mit Koriander gewürzten Mais und Shiitakepilze eine asiatische Geschmacksnote.

ZUTATEN

1 großer Blumenkohl
150 g Shiitakepilze
1 Dose große weiße Bohnen
    (etwa 240 g)
1 kleine Dose Mais (etwa 280 g)
1 rote Chilischote
½ Bund Koriandergrün
30 g weiße Sesamsamen
1 ½ EL Rapsöl
200 g Blattspinat
Zesten und 1 EL Saft von 1 Bio-Limette
250 g grüne Sojabohnen
    (TK aus dem Asiahandel,
    aufgetaut)

TOPPING

65 g junger Spinat
½ Bund Koriander
4 EL Nori-Flocken

DRESSING

Süßscharfes Sojadressing
    (siehe Seite 118)

ZUBEREITUNG

1. Für den Salat den Blumenkohl putzen und auf einer Reibe oder mit der Küchenmaschine grob reiben. Diesen Blumenkohlreis in einem feinen Sieb mit kochendem Wasser übergießen und gut abtropfen lassen.

2. Die Pilze putzen und längs halbieren. Die weißen Bohnen abgießen, unter fließendem Wasser abspülen und abtropfen lassen. Den Mais ebenfalls abspülen und abtropfen lassen. Die Chili zwischen den Handflächen rollen, vom Stielansatz befreien, die Samen herausschütteln und die Schote in feine Streifen schneiden. Den Koriander waschen, trocken schütteln und fein hacken.

3. Den Sesam in einer heißen Pfanne ohne Fett goldbraun rösten, in eine Schüssel geben. In die heiße Pfanne 1 EL Öl geben und die Pilze darin anbraten, bis sie Farbe anneh-

men. Den Blattspinat waschen, trocken schütteln und hinzufügen. Kurz mitbraten, bis er etwas zerfällt, aus der Pfanne nehmen und beiseitestellen.

4. In der Pfanne das übrige Öl (½ EL) stark erhitzen und den Mais darin braten, bis er Farbe bekommt. Limettensaft und -zesten sowie Koriander untermischen. Die Pfanne vom Herd nehmen.

5. Den Blumenkohlreis vorsichtig mit der Pilz-Spinat-Mischung, dem gebratenen Mais, Bohnen, Chili und einem Großteil des Sesams mischen.

6. Die Blumenkohlmischung auf vier Schüsseln verteilen. Für das Topping Spinat und Koriander waschen und trocken schütteln, die Blätter abzupfen. Den Salat mit Spinat, Koriander, Nori-Flocken und dem restlichen Sesam garnieren. Mit dem süßscharfen Sojadressing servieren.

BQ-Salat mit geröstetem Wurzel-gemüse und grünem Bohnendip 4 PORTIONEN

»BQ« steht hier für Belugalinsen und Quinoa. Ich koche immer gern eine große Portion von beidem und stelle den Vorrat in den Kühlschrank, um schnell einen Sattmacher-Salat daraus zaubern zu können. Der Salat ist sehr einfach, sehr gut und sehr praktisch für den nächsten Tag vorzubereiten. Ein echter Favorit für alle Werktage!

ZUTATEN

60 g schwarze Quinoa, gekocht
3 mittelgroße Möhren
3 mittelgroße Pastinaken
1 EL Rapsöl
½ TL Meersalzflocken
50 g Rotkohl
250 g gemischte Tomaten
80 g Belugalinsen, gekocht
65 g junger Spinat

DRESSING

Kräuteröl (siehe Seite 117)

TOPPING

30 g Sonnenblumenkerne

BEILAGE

Grüner Bohnendip mit Minze
   (siehe Seite 99)

ZUBEREITUNG

1. Für den Salat die Quinoa mit einer Gabel auflockern.
2. Den Backofen auf 225 °C (Ober-/ Unterhitze) vorheizen. Möhren sowie Pastinaken schälen und schräg in Scheiben schneiden. Auf ein mit Backpapier belegtes Blech geben und mit Öl sowie Salz vermischen. Im vorgeheizten Ofen auf der mittleren Schiene 25 Minuten rösten, bis das Gemüse gar ist, aber noch Biss hat. Nach der Hälfte der Backzeit wenden.
3. Den Rotkohl putzen und mit einer Mandoline hobeln, dann 10 Minuten in eiskaltes Wasser legen. Die Tomaten waschen und vierteln.
4. Für das Topping die Sonnenblumenkerne in einer heißen Pfanne ohne Fett goldbraun rösten. Abkühlen lassen.

5. Quinoa, Möhren und Pastinaken, Rotkohl, Tomaten und Linsen mischen. Mit dem Dressing beträufeln und verrühren. Den Spinat waschen und trocken schütteln, mit dem Salat auf einer großen Platte anrichten und mit Sonnenblumenkernen garnieren. Mit dem grünen Bohnendip als Beilage servieren.

TIPP:

Probieren Sie statt des grünen Bohnendips mit Minze dazu den Süßkartoffelhummus (siehe Seite 103) oder den Kräuterhummus (siehe Seite 104).

Bohnensalat mit roh gehobeltem Blumenkohl und Feigen, dazu Röst-paprika-Tomaten-Dip

4 PORTIONEN

Dieser Salat besteht aus verschiedenen Bohnensorten, frischen Feigen und fein gehobeltem Gemüse. Ein leichter, fruchtiger Mix mit Biss, der am allerbesten mit einem geschmacksintensiven roten Dip aus gerösteten Paprikaschoten und sonnengetrockneten Tomaten schmeckt. Wenn Sie Zeit haben, rösten Sie die Paprika-schoten, sonst nehmen Sie ein hochwertiges Fertigprodukt.

ZUTATEN

120 g Hirse, gekocht
400 g gemischte Gartenbohnen
   (z. B. Brechbohnen, Wachsbohnen, grüne Buschbohnen)
Meersalz
1 kleiner Blumenkohl
1 Bund Radieschen
1 Dose Cannellinibohnen,
   (etwa 240 g)
1 EL kalt gepresstes Kokosöl
½ TL Himalayasalz
½ TL frisch gemahlener
   schwarzer Pfeffer

TOPPING

4 Feigen
1 Bund Schnittlauch

BEILAGE

Röstpaprika-Tomaten-Dip mit
   Haselnüssen (siehe Seite 106)

ZUBEREITUNG

1. Für den Salat die Hirse mit einer Gabel auflockern.
2. Die Gartenbohnen putzen und 5 Minuten in Salzwasser blanchie-ren. Sofort in eine Schüssel mit kaltem Wasser legen, um das Garen zu unterbrechen.
3. Den Blumenkohl putzen, längs halbieren und mit einer Mando-line dünn hobeln oder mit einem scharfen Messer ganz dünn schneiden. Die Radieschen put-zen und ebenfalls mit der Mando-line oder einem scharfen Messer dünn schneiden. Blumenkohl und Radieschen 10 Minuten in eiskaltes Wasser legen.
4. Die Cannellinibohnen abgießen, abspülen und abtropfen lassen. Das Öl in einer Pfanne mittel bis stark erhitzen und die Bohnen dar-in braten, bis sie aufspringen und knusprig werden. Würzen.
5. Für das Topping die Feigen waschen, etwas abtupfen und in Spalten schneiden. Den Schnitt-lauch waschen, trocken schütteln und in kleine Röllchen schneiden.
6. Hirse und Gemüse gut vermischen. Den Salat auf einer großen Platte anrichten und mit Feigenspalten und Schnittlauch garnieren. Dazu schmeckt ein Röstpaprika-Toma-ten-Dip mit Haselnüssen.

TIPP:

Auch Avocado passt sehr gut zu diesem Salat. Eine Avocado halbie-ren, vom Kern befreien und in feine Spalten schneiden. Mischen Sie die Avocado unter den Salat, um ihn noch cremiger zu machen und mit gesunden Fetten anzureichern.

Probieren Sie auch einmal statt der Cannellinibohnen große weiße Boh-nen oder Kichererbsen.

Emmer-Bowl mit Süßkartoffeln, gebackenem Portobello und Bohnenbällchen

VG

4 PORTIONEN

Hier bildet das Urkorn Emmer die sättigende Grundlage für eine Salatschüssel mit gebackenen Bohnenbällchen, die mit Kräutern pikant gewürzt wurden – meine Variante zu Falafel. Übrig gebliebene Bällchen kann man für einen weiteren Salat gut einfrieren oder bis zu fünf Tagen im Kühlschrank aufbewahren.

ZUTATEN

2 mittelgroße Süßkartoffeln
1 EL kalt gepresstes Olivenöl
½ TL Himalayasalz
300 g Portobellos (Riesenchampignons)
1 EL Sesamöl
1 EL Tamari (würzige Sojasauce)
1 Prise frisch gemahlener schwarzer Pfeffer
1 mittelgroße Zucchini
65 g Feldsalat
½ Bund Minze oder Hirse
160 g Emmer, gekocht

BOHNENBÄLLCHEN

1 Dose große weiße Bohnen (etwa 240 g)
½ Zwiebel
1 Knoblauchzehe
½ TL getrocknete Minze
½ TL getrockneter Koriander
35 g Buchweizenmehl oder Reismehl
½ TL Himalayasalz
frisch gemahlener schwarzer Pfeffer

2 EL kalt gepresstes Olivenöl
60 g ungeschälte Sesamsamen

DRESSING

scharfes Mandeldressing.
(siehe Seite 116)

ZUBEREITUNG

1. Den Backofen auf 175 °C (Ober-/Unterhitze) vorheizen.

2. Die Bohnen abgießen. Zwiebel und Knoblauch schälen und fein hacken. Bohnen, Zwiebel, Knoblauch, Kräuter, Mehl, Salz, Pfeffer und Öl in der Küchenmaschine zu einem Teig verrühren. Etwa 20 Minuten quellen lassen.

3. Für den Salat die Süßkartoffeln abbürsten und in mundgerechte Stücke schneiden. Auf die Hälfte eines Backblechs legen, mit Olivenöl und Salz mischen.

4. Die Pilze putzen und von den Stielen befreien. Sesamöl mit Tamari und Pfeffer verrühren. Die Pilze

damit bestreichen und mit den Köpfen nach oben auf das Backblech legen. Im vorgeheizten Ofen auf der mittleren Schiene 30 Minuten backen, bis Kartoffeln sowie Zwiebeln weich sind und eine schöne Farbe haben. Nach der Hälfte der Zeit die Kartoffeln wenden. Abkühlen lassen und die Pilze in Scheiben schneiden – den Ofen nicht ausschalten.

5. Aus dem Bohnenteig 16 Bällchen formen und im Sesam rollen. Im Ofen auf der mittleren Schiene 15 Minuten backen. Wenden und weitere 10 Minuten backen.

6. Die Zucchini waschen und mit einer Mandoline längs in dünne Streifen hobeln. Feldsalat und Minze waschen und trocken schütteln, etwas zerzupfen.

7. Emmer, Süßkartoffeln, Zucchini, Feldsalat und Minze auf vier Teller verteilen. Bohnenbällchen und Pilze auflegen. Dazu das scharfe Mandeldressing servieren.

Neue Kartoffeln mit Nektarine, Spargel und Haselnuss-Gremolata

4 PORTIONEN

Sommer auf dem Teller! Die Mischung aus Kartoffeln, Gemüse und Obst schmeckt während der Frühsommerzeit am allerbesten. Mit ein paar Kartoffeln vom Vortag haben Sie den Salat im Nu gezaubert. Mehrere Zutaten lasse ich roh oder fast roh – wenn sie im Frühsommer geerntet werden, haben sie so viel Aroma, dass sie genau so bleiben können, wie sie sind.

ZUTATEN

100 g Zuckererbsenschoten
Meersalz
2 kleine Bunte Beten
2 Frühlingszwiebeln
250 g grüner Spargel
2 Nektarinen
800 g kleine neue Kartoffeln,
    gekocht oder im Ofen gebacken
65 g gemischter Blattsalat
80 g grüne Linsen oder Puy-Linsen,
    gekocht

HASELNUSS-GREMOLATA

60 g Haselnüsse, gehäutet
    und geröstet
3 EL kalt gepresstes Olivenöl
Zesten und 2 EL Saft von 2 Bio-
    Zitronen
1 Knoblauchzehe, geschält
1 TL Honig (oder Agavensirup
    für eine vegane Variante)
1 Bund krause Petersilie, gehackt
Himalayasalz
frisch gemahlener schwarzer Pfeffer

ZUBEREITUNG

1. Für die Gremolata die Zutaten im Mixer zu einer groben Paste zerkleinern und mit Salz sowie Pfeffer abschmecken.

2. Für den Salat die Zuckererbsenschoten kurz in Salzwasser blanchieren, abtropfen lassen und der Länge nach in dünne Streifen schneiden. Die Beten schälen und mit der Mandoline oder einem scharfen Messer in sehr dünne Scheiben schneiden. Die Zuckererbsenstreifen und die Betescheiben in Eiswasser legen. Die Frühlingszwiebeln waschen, trocken schütteln und in Ringe schneiden.

3. Die unteren Enden der Spargelstangen abschneiden und die Spargelstangen jeweils in drei Stücke teilen. In Salzwasser 5 Minuten blanchieren, gut abtropfen lassen. Dann sofort in eine Schüssel mit kaltem Wasser legen, um das Garen zu unterbrechen.

4. Die Nektarinen waschen und in Spalten schneiden, die Kartoffeln halbieren. Den Blattsalat waschen und trocken schütteln, grob zerzupfen.

5. Die Kartoffeln mit der Hälfte der Gremolata in einer großen Schüssel mischen. Kartoffeln, Linsen, Gemüse, Frühlingszwiebeln, Nektarinen und Blattsalat auf einer großen Platte anrichten. Mit der restlichen Gremolata servieren.

TIPP:

Dazu passt gut gegrillter Halloumi oder gegrillter Fisch. Gibt es nur den Salat, die Menge der Linsen am besten verdoppeln.

Auf Seite 123 erfahren Sie, wie man Nüsse einfach selbst rösten und häuten kann.

Grüner Caesar Salad mit Wachsbohnen und knusprigen Kichererbsen-Croûtons

4 PORTIONEN

Die komplett vegetarische Version eines beliebten Klassikers.
Einfach, gesund und sehr lecker!

ZUTATEN

1 Dose Kichererbsen (etwa 240 g)
2 ½ EL kalt gepresstes Olivenöl
½ TL Paprikapulver
½ TL Meersalzflocken, plus Salz
    zum Kochen und Durchkneten
200 g Wachsbohnen
200 g Palmkohl
1 Römersalat
120 g Dinkelsamen, 8 Stunden
    eingeweicht

CAESAR-DRESSING

60 g Cashewkerne, 30 Minuten
    eingeweicht
Zesten und 2 EL Saft von 1 Bio-Zitrone
½ TL Knoblauchpulver
1 TL Dijonsenf
1 TL Kapern aus dem Glas
2 EL Hefeflocken
Himalayasalz
frisch gemahlener schwarzer Pfeffer

CASHEW-KÄSE

60 g ungesalzene Cashewkerne
½ TL Knoblauchpulver
1 EL Hefeflocken
1 TL kalt gepresstes Olivenöl
½ TL Meersalzflocken

TOPPING

1 EL Kapern aus dem Glas
    (nach Belieben)

ZUBEREITUNG

1. Für den Salat den Backofen auf
   200 °C (Ober-/Unterhitze) vorheizen. Die Kichererbsen abgießen,
   unter fließendem Wasser abspülen und mit Küchenpapier trocken
   tupfen. In einer ofenfesten Form
   mit 1 ½ EL Öl, Paprika und Salz
   mischen. Im vorgeheizten Ofen
   auf der mittleren Schiene 30 Minuten goldbraun und knusprig rösten. Nach der Hälfte der Zeit die
   Form etwas rütteln.

2. Die Bohnen putzen und in Salzwasser 5 Minuten blanchieren.
   Sofort in eine Schüssel mit kaltem
   Wasser legen, um das Garen zu
   unterbrechen.

3. Den Stiel des Kohls entfernen, die
   Blätter in Streifen schneiden und
   in Salzwasser 3 Minuten blanchieren. Den Salat waschen, trocken
   schütteln und in mundgerechte
   Stücke zupfen.

4. Für das Dressing alle Zutaten
   sowie 50 ml Wasser mit dem Mixer
   zu einer homogenen Mischung
   pürieren. Eventuell noch etwas
   mehr Wasser zugeben, falls sie
   zu dick ist. Mit Salz und Pfeffer
   abschmecken.

5. Für den Cashew-Käse die Cashewkerne mit Knoblauch, Hefeflocken,
   Öl und Salz in der Küchenmaschine zu einer krümeligen Masse
   verarbeiten.

6. Die abgekühlten Kohlblätter in
   einer Schüssel mit dem übrigen Öl
   (1 EL) und Salz durchkneten. Kohl,
   Dressing, Salat und Dinkel in einer
   großen Schüssel gut mischen.
   Die Salatmischung mit Bohnen,
   Kichererbsen und der Hälfte des
   Cashew-Käses in einer flachen
   Schale anrichten und mit dem
   restlichen Cashew-Käse garnieren. Nach Belieben noch einige
   Kapern darüberstreuen.

TIPP:

*Für einen glutenfreien Salat statt Dinkel dieselbe Menge Quinoa oder
Wildreis verwenden.*

Halloumi-Erdbeer-Salat mit Quinoa und Avocado

4 PORTIONEN

GF

NF

Ein einfacher Sommersalat, der schnell zubereitet ist. Ein besonderes Extra sind die säuerlich marinierten Erdbeeren und die frische Minze, die ihr herrlich würziges Aroma beisteuert. Wenn die ersten Tomaten reif und die Avocados perfekt sind, ist dieser Salat unschlagbar! Braten Sie den Halloumi erst kurz vor dem Servieren – dann schmeckt er am besten.

ZUTATEN

60 g weiße Quinoa, gekocht
500 g Erdbeeren
250 g gelbe und orange
    Cocktailtomaten
2 Avocados
200 g Halloumi
½ EL Rapsöl
65 g gemischter Blattsalat

MARINADE

1 EL Apfelessig
Zesten und 1 EL Saft von 1 Bio-Limette
½ TL Meersalzflocken
½ TL frisch gemahlener schwarzer
    Pfeffer

TOPPING

30 g Kürbiskerne
1 Bund Minze

ZUBEREITUNG

1. Für den Salat die Quinoa mit einer Gabel auflockern.

2. Die Erdbeeren putzen, vierteln und in eine Schüssel legen. Alle Zutaten für die Marinade mischen, die Erdbeeren darin wenden und ziehen lassen.

3. Die Tomaten waschen und halbieren, die Avocados halbieren, vom Kern befreien, schälen und in mundgerechte Stücke schneiden.

4. Den Halloumi in Scheiben schneiden. In einer Pfanne im Öl bei mittlerer Hitze auf jeder Seite braten, bis der Käse goldbraun ist. Auf Küchenpapier abtropfen lassen. Den Salat waschen und trocken schütteln, etwas zerzupfen.

5. Für das Topping die Kürbiskerne in einer heißen Pfanne ohne Fett rösten, bis sie knacken und leicht goldbraun werden. Die Minze waschen und trocken schütteln, etwas zerzupfen.

6. Quinoa, Halloumi, Erdbeeren, Tomaten, Avocado und Salat auf einer großen Platte anrichten, mit der Marinade beträufeln. Mit Kürbiskernen und Minze garnieren.

TIPP:

Statt Halloumi einmal Feta verwenden. Oder für einen veganen Salat mit mariniertem oder gebackenem Tofu (zum Beispiel dem gebackenen Basilikum-Tofu von Seite 76) servieren.

New York Brunch Bowl mit Halloumi, Avocado und Sprossen

4 PORTIONEN

GF

NF

In New York gibt es die weltweit besten Möglichkeiten zum Brunchen. Die Trennung zwischen Frühstück und Lunch ist dabei völlig aufgehoben und man genießt eine opulente, sättigende Lieblingsmahlzeit. Dieser Salat wurde vom New Yorker Brunch inspiriert. Am besten aus einer flachen Schale essen, weil man darin alle Köstlichkeiten noch besser vermengen kann.

ZUTATEN

60 g Hirse, gekocht
2 EL Weißweinessig
4 Eier
100 g Grünkohl
2 ½ EL Rapsöl
½ TL Meersalzflocken
250 g grüner Spargel
1 Avocado
150 g Halloumi
65 g junger Spinat

TOPPING

2 EL Hanfsamen
Rote-Bete-Sprossen (nach Belieben)

DRESSING

Tahini-Dressing (siehe Seite 116)
½ TL Paprikapulver

ZUBEREITUNG

1. Für den Salat die Hirse vorsichtig mit einer Gabel etwas auflockern.

2. Die Eier pochieren: Dazu Wasser in einem kleinen Topf aufkochen, den Essig hinzugeben und nochmals aufkochen. In eine Tasse 1 Ei aufschlagen. Den Topf vom Herd nehmen, einen »Wirbel« im Wasser aufrühren, das Ei vorsichtig mitten in den Wirbel gießen und den Topf wieder auf den Herd stellen. Das Ei bei schwacher Hitze 2–5 Minuten pochieren, je nachdem, wie fest es sein soll. Dann das Ei mit einer Schaumkelle herausheben und in eine Schüssel mit kaltem Wasser gleiten lassen, um den Garprozess zu unterbrechen. Die übrigen Eier auf die gleiche Art pochieren.

3. Den Kohl putzen, entstielen und die Blätter in kleine Stücke zerpflücken. Die Blätter mit 1 EL Öl und Salz gut durchkneten, beiseitestellen.

4. Die Enden der Spargelstangen abschneiden, das untere Drittel der Stangen schälen und die Stangen in jeweils drei Stücke schneiden. Die Spargelstücke in einer Pfanne bei mittlerer Hitze in 1 EL Öl braten, sie sollten noch bissfest sein. Während der letzten Minuten die Kohlblätter mitbraten. Die Pfanne vom Herd nehmen.

5. Die Avocado vom Kern befreien und vierteln.

6. Den Halloumi in vier Scheiben schneiden. Im übrigen Öl (½ EL) bei mittlerer Hitze auf jeder Seite goldbraun braten. Den Spinat waschen und trocken schütteln, etwas zerpflücken.

7. Hirse, Kohl, Spargel und Spinat auf vier flache Schalen verteilen. Dann je ein Stück Avocado, Halloumi und 1 pochiertes Ei darauflegen. Mit Hanfsamen bestreuen, Rote-Bete-Sprossen als Topping darauf verteilen. Mit Dressing beträufeln und mit Paprika bestreuen.

Nudelsalat mit gebratenem Tamari-Tofu, gesäuerten Gurken und Erdnussdressing

VG

GF

4 PORTIONEN

Für diesen Salat verwende ich köstliche dunkle Nudeln aus schwarzem Reis und Rohreis. Man kocht sie nur wenige Minuten und kann damit einen raffinierten, gesunden Nudelsalat machen. Die sauren Gurken sind einfach selbst zuzubereiten und ein besseres Erdnussdressing als dieses hier gibt es nicht.

ZUTATEN

1 Packung fester Tofu (etwa 270 g)

2 mittelgroße Möhren

300 g Spargelbrokkoli (Brokkolini)

2 EL kalt gepresstes Kokosöl

1 EL Tamari (würzige glutenfreie Sojasauce)

200 g schwarze asiatische Reisnudeln oder Buchweizennudeln (beide glutenfrei, aus dem Bio- oder Asiahandel)

4 Frühlingszwiebeln

½ Bund Koriandergrün

TOPPING

30 g ungesalzene Erdnüsse

BEILAGE

½ Gurke

2 EL Essigessenz (12 %)

1 EL Agavensirup (alternativ Honig, wenn es nicht vegan sein muss)

DRESSING

Erdnussdressing (siehe Seite 115)

ZUBEREITUNG

1. Für den Salat den Tofu zwischen Küchenpapier mit einem Gegenstand beschweren und mindestens 30 Minuten pressen. So tritt Feuchtigkeit aus und der Tofu nimmt die Aromen besser auf.

2. Für die Beilage die Gurke waschen und mit einer Mandoline in Scheiben schneiden, in eine hitzebeständige Schüssel legen. Essigessenz und Agavensirup mit 3 EL kochendem Wasser zu einer Lake verrühren und die Gurkenscheiben 10 Minuten darin ziehen lassen. Dann die Lake abgießen.

3. Die Möhren putzen und mit einem Julienneschäler in feine Streifen schneiden (siehe Seite 17), alternativ mit einem Kartoffelschäler dünne Streifen abschälen.

4. Den Spargelbrokkoli putzen und im Wok in 1 EL Öl braten, bis er Farbe annimmt. Herausnehmen und bis zur weiteren Verwendung beiseitestellen.

5. Den Tofu auf einem Teller mit einer Gabel in kleine Stücke zerdrücken. Dann im Wok bei mittlerer bis starker Hitze im übrigen Öl (1 EL) Farbe annehmen lassen. Die Tamari darübergießen und einkochen lassen. Den Wok vom Herd nehmen.

6. Die Nudeln nach Packungsangabe kochen. Anschließend mit kaltem Wasser abschrecken und gut abtropfen lassen.

7. Die Frühlingszwiebeln putzen und in Ringe schneiden, den Koriander waschen, trocken schütteln und grob hacken. Etwas für die Dekoration beiseitelegen.

8. Für das Topping die Erdnüsse in einer heißen Pfanne ohne Fett goldbraun rösten. Abkühlen lassen und fein hacken.

9. Nudeln, Möhren, Tofu, Spargelbrokkoli und Koriander auf einer großen Platte anrichten. Mit Frühlingszwiebeln, etwas Koriander und Erdnüssen garnieren. Gurken und Dressing dazu servieren.

Salat mit Frühlingsgemüse, Buchweizen, eingelegter Zucchini und Erdbeerdressing

4 PORTIONEN

Ein einfacher, leichter Salat, der besonders gut zur Frühlings- und Frühsommerzeit passt, wenn das junge Gemüse erstmals geerntet werden kann. Eingeweichter Buchweizen, gerösteter Spargel, roh gehobelte Zucchini und salziger Feta ergeben zusammen herrliche Kontraste und stecken voller Nährstoffe. Mixen Sie die ersten süßen Erdbeeren der Saison zu einem köstlichen Dressing und garnieren Sie den Salat mit gerösteten Haselnüssen.

ZUTATEN

1 kleiner lila Blumenkohl
Meersalz
250 g grüner Spargel
1 EL Rapsöl
frisch gemahlener schwarzer Pfeffer
1 mittelgroße Zucchini
50 ml Essigessenz (12 %)
1 EL Honig
1 Bund Radieschen
1 Avocado
1 Bund Basilikum
120 g getrocknete Buchweizenkörner, über Nacht eingeweicht
100 g gemischter Blattsalat

TOPPING

30 g Haselnüsse, gehäutet, geröstet,
   gehackt
150 g Feta, zerkrümelt

DRESSING

Erdbeerdressing (siehe Seite 118)

ZUBEREITUNG

1. Den Backofen auf 225 °C (Ober-/ Unterhitze) vorheizen.

2. Für den Salat den Kohl putzen und in kleinere Röschen teilen, diese in Salzwasser 5 Minuten blanchieren. Dann sofort in eine Schüssel mit kaltem Wasser legen, um das Garen zu unterbrechen.

3. Die Enden der Spargelstangen abschneiden, die Stangen im unteren Drittel schälen und in eine ofenfeste Form legen. Mit Öl, Salz und Pfeffer mischen. Im vorgeheizten Ofen auf der mittleren Schiene 10 Minuten rösten. Nach der Hälfte der Zeit etwas durchrütteln.

4. Die Zucchini waschen und der Länge nach mit einer Mandoline in Streifen hobeln. Diese in eine hitzebeständige Schüssel legen. Etwa 200 ml Wasser aufkochen und mit der Essigessenz und dem Honig zu einer Lake verrühren. Die Lake über die Zucchini gießen und 5 Minuten ziehen lassen, dann abgießen.

5. Die Radieschen putzen und mit der Mandoline in dünne Scheiben hobeln oder mit einem scharfen Messer fein schneiden, 10 Minuten in Eiswasser legen. Die Avocado halbieren, vom Kern befreien und das Fruchtfleisch mit einem Löffel herauskratzen. Das Basilikum waschen, trocken schütteln und die Blätter abzupfen.

6. Den eingeweichten Buchweizen abgießen und gut abspülen, bis die Außenhäutchen abfallen. Abtropfen lassen. Den Salat waschen, trocken schütteln und leicht zerpflücken.

7. Alles auf einem großen Teller anrichten, mit Haselnüssen, Feta und Dressing servieren.

Supersalat mit geröstetem Brokkoli, Sprossen und Avocado-Dressing 4 PORTIONEN

Es gibt Gemüse, die viele Nährstoffe enthalten. Und es gibt Gemüse, die sogar als echtes Superfood gelten. Sie stecken voller Vitamine und sind ganz besonders nährstoffreich. Von ihnen habe ich einige in diesem Salat vereint. Und ich serviere ihn mit einem köstlich cremigen Avocado-Dressing voller gesunder Fette. Das nenne ich einen echten Supersalat!

ZUTATEN

100 g Grünkohl

2 EL kalt gepresstes Olivenöl

½ TL Himalayasalz

1 große Süßkartoffel

½ TL getrockneter Koriander

1 Msp. gemahlener Cayennepfeffer

1 Msp. gemahlener Zimt

300 g Spargelbrokkoli (Brokkolini)

80 g getrocknete Buchweizenkörner, über Nacht eingeweicht

1 Bund Koriandergrün

65 g junger Spinat

100 g gemischte Sprossen (Rote-Bete- oder Erbsensprossen)

50 g gemischte Keimlinge (Rote-Bete-, Alfalfa- oder Buchweizenkeimlinge, Keimen siehe Seite 125)

1 Msp. frisch gemahlener schwarzer Pfeffer

TOPPING

1 kleiner Granatapfel

20 g Walnusskerne

Koriandergrün

DRESSING

Avocado-Kräuter-Dressing (siehe Seite 120)

ZUBEREITUNG

1. Für den Salat den Kohl putzen, entstielen und die Blätter in kleine Stücke zerpflücken. Die Blätter mit 1 EL Öl und dem Salz gut durchkneten. Beiseitestellen.

2. Den Backofen auf 225 °C (Ober-/Unterhitze) vorheizen. Die Süßkartoffel abbürsten und in mundgerechte Stücke schneiden. Mit ½ EL Öl, getrocknetem Koriander, Cayennepfeffer und Zimt mischen und auf ein Backblech legen. Im vorgeheizten Ofen auf der mittleren Schiene 20 Minuten rösten. Den Spargelbrokkoli mit dem übrigen Öl (½ EL) bepinseln. Nach der Hälfte der Zeit die Süßkartoffeln wenden und den Spargelbrokkoli dazulegen. So lange rösten, bis die Kartoffeln weich und der Spargelbrokkoli an den Rändern leicht knusprig ist. Abkühlen lassen.

3. Den Buchweizen gut abspülen, bis die Außenhäutchen abfallen. Abtropfen lassen. Koriander und Spinat waschen und trocken schütteln, Blätter und Stiele vom Koriander grob hacken.

4. Spargelbrokkoli, Süßkartoffeln, Buchweizen, Sprossen und Keimlinge, Spinat und Koriander in Schalen anrichten. Den Salat abschmecken.

5. Für das Topping den Granatapfel halbieren und die Kerne mit einem Löffel daraus lösen.

6. Den Salat mit Walnuss- und Granatapfelkernen sowie Koriandergrün garnieren. Mit Dressing beträufeln und mehr davon dazu servieren.

TIPP:

Zu diesem Salat schmecken die Rote-Bete-Bällchen von Seite 72 oder Knäckebrot (siehe Seiten 100/101).

Der neue Kartoffelsalat – mit Kräuteröl

4 PORTIONEN

Ein idealer Salat für jedes Büfett – er sättigt gut, steckt voller
Aromen und passt zu allem. Wenn man die Kartoffeln röstet,
bekommen sie einen intensiven Geschmack und eine fast cremige
Konsistenz. Bio-Kartoffeln müssen nicht geschält werden; sie mit
der Schale zu kochen verbessert sogar ihren Geschmack. Zu
geröstetem Wurzelgemüse verwende ich ganz häufig getrockneten
Bio-Bärlauch. Sein Geschmack ist unschlagbar!

ZUTATEN

2 mittelgroße Süßkartoffeln

500 g neue Kartoffeln

1 EL Olivenöl

½ EL getrockneter Bärlauch

½ TL Meersalzflocken

1 Msp. frisch gemahlener schwarzer
    Pfeffer

1 Dose große weiße Bohnen
    (etwa 240 g)

100 g Rucola

DRESSING

Kräuteröl (siehe Seite 117)

TOPPING

60 g getrocknete Buchweizenkörner

50 g Parmesan, gehobelt

Kresse zum Garnieren
    (nach Belieben)

ZUBEREITUNG

1. Den Backofen auf 250 °C (Ober-/
Unterhitze) vorheizen. Die Süßkartoffeln abbürsten und in große
Stücke schneiden. Die neuen Kartoffeln ebenfalls abbürsten und
die größeren einmal teilen. Alle
Kartoffelstücke auf ein Backblech
legen und mit Öl, Bärlauch, Salz
und Pfeffer würzen. Im vorgeheizten Ofen auf der mittleren Schiene
15 Minuten rösten, dabei nach der
Hälfte der Zeit wenden. Die Tem-
peratur auf 200 °C reduzieren und
die Kartoffeln weitere 20 Minuten
rösten, bis sie weich sind.

2. Für das Topping den Buchweizen
in einem feinmaschigen Sieb mit
kochendem Wasser übergießen
und abtropfen lassen. Dann in
einer heißen Pfanne ohne Fett rösten, bis der Buchweizen anfängt

zu knacken und knusprig wird.
Abkühlen lassen.

3. Die Bohnen abgießen, unter fließendem Wasser abspülen und
abtropfen lassen. Den Rucola
waschen und trocken schütteln.
Die Hälfte des Dressings vorsichtig mit Kartoffeln, Bohnen und
Rucola mischen. Die Mischung
mit Parmesan und Buchweizen in
einer großen Schale anrichten. Mit
dem restlichen Dressing beträufeln. Nach Belieben mit Kresse
garnieren.

Geröstete Za'atar-Bundmöhren mit Belugalinsen und Süßkartoffelhummus

GF

NF

4 PORTIONEN

Die orientalische Kräutermischung Za'atar schafft einen schönen Kontrast zum süßlichen, gerösteten Wurzelgemüse und zur frischen Minze in diesem nordafrikanisch inspirierten Salat. Die Belugalinsen sind angenehm zu kauen und der Süßkartoffelhummus macht den Salat cremig. Die Zitrusvinaigrette gibt den letzten Pfiff!

ZUTATEN

160 g Belugalinsen, gekocht

600 g Bundmöhren
   (in verschiedenen Farben)

½ Lauchstange

1 EL Rapsöl

1 EL Za'atar

1 Fenchelknolle

250 g Cocktailtomaten

65 g Rucola

1 Bund Minze

SÜSSSAURE ZITRUSVINAIGRETTE

Zesten und 2 EL Saft von 1 Bio-Zitrone

2 EL kalt gepresstes Rapsöl

1 EL Apfelessig

1 TL Honig (alternativ Agavensirup, wenn es vegan sein soll)

1 Msp. Chiliflocken

Himalayasalz

TOPPING

2 EL Sesamsamen

Minze

BEILAGE

Süßkartoffelhummus (siehe Seite 103)

ZUBEREITUNG

1. Für die Vinaigrette alle Zutaten miteinander verrühren.

2. Für den Salat die Belugalinsen mit der Hälfte der Vinaigrette mischen.

3. Den Backofen auf 225 °C (Ober-/ Unterhitze) vorheizen. Die Möhren abbürsten (nicht schälen, so behalten sie besonders viel Geschmack und eine gute Textur), dickere eventuell halbieren. Den Lauch putzen, dann in kleinere Stücke schneiden. Möhren und Lauch mit Öl und Za'atar würzen. Auf einem Backblech im vorgeheizten Ofen auf der mittleren Schiene 25 Minuten rösten, bis die Möhren an den Rändern knusprig werden und die Lauchstücke weich sind. Nach der Hälfte der Zeit einmal wenden.

4. Den Fenchel putzen und mit der Mandoline in eher breite, dünne Scheiben hobeln. Für 10 Minuten in Eiswasser legen, danach gut abtropfen lassen.

5. Für das Topping den Sesam in einer heißen Pfanne ohne Fett goldbraun rösten. Die Tomaten waschen und halbieren. Rucola und Minze waschen, trocken schütteln und etwas zerzupfen.

6. Linsen, Möhren, Lauch, Fenchel, Tomaten, Rucola und Minze in einer großen Schale anrichten. Mit der restlichen Vinaigrette beträufeln. Sesam über den Salat streuen und mit etwas Minze garnieren. Als Beilage den Süßkartoffelhummus servieren.

TIPP:

Za'atar selbst machen: 1 EL getrockneten Thymian, 1 EL getrockneten Oregano, 1 EL geröstete Sesamsamen, 1 EL Sumach und ½ TL Himalayasalz mischen. In einer Dose mit dicht schließendem Deckel aufbewahren.

Asia-Sommersalat mit scharfem Tofu, Mango und Tahini-Dressing

4 PORTIONEN

Ich liebe Frühlingsrollen, gerollt aus Reispapier und üppig mit köstlichem Gemüse und asiatischen Gewürzen gefüllt. Hier habe ich aus meiner Lieblingsfüllung einen Salat gezaubert. Statt Reispapier nehme ich Kelpnudeln, die aus Algen gemacht werden.

ZUTATEN

1 Paket Kelpnudeln (300 g, aus
    dem Asiahandel oder Internet)
1 EL Tamari (würzige glutenfreie
    Sojasauce)
1 EL Reisweinessig
1 EL Sesam-Sojasauce
150 g Rotkohl
1 mittelgroße Zucchini
1 rote Chilischote
1 reife Mango
1 Bund Frühlingszwiebeln
1 Bund Koriandergrün
1 Msp. Himalayasalz
50 g Bohnenkeime

SCHARFER TOFU

1 Packung fester Tofu (etwa 270 g)
2 EL Sesamöl
2 EL Tamari (würzige glutenfreie
    Sojasauce)
1 TL Sambal Oelek (scharfe
    Chilipaste)

TOPPING

2 Avocados
1 Bio-Limette

DRESSING

Tahini-Dressing (siehe Seite 116)

ZUBEREITUNG

1. Für den Salat die Nudeln in kaltes Wasser legen. Den Backofen auf 200 °C (Ober-/Unterhitze) vorheizen.

2. Den Tofu mindestens 30 Minuten pressen, dann würfeln. Für die Marinade Öl, Tamari und Sambal Oelek verrühren. Die Tofuwürfel darin in einem Plastikbeutel gut 30 Minuten marinieren. Nach der Hälfte der Zeit den Beutel drehen.

3. Die Nudeln abgießen, gut abspülen und in kleinere Stücke schneiden. Tamari, Essig und Sojasauce verrühren. Alles mischen und kühl stellen.

4. Den Rotkohl putzen und in feine Streifen schneiden. Die Zucchini waschen und mit einem Sparschäler in Streifen schneiden. Die Chili waschen und zwischen den Handflächen rollen. Vom Stielansatz befreien und die Samen herausschütteln, dann die Schote in

feine Streifen schneiden. Die Mango schälen, das Fruchtfleisch vom Stein schneiden und würfeln. Die Frühlingszwiebeln putzen und in Röllchen schneiden.

5. Die Tofuwürfel aus der Marinade nehmen, nebeneinander auf einem Backblech im Ofen auf der mittleren Schiene 20 Minuten knusprig backen. Nach der Hälfte der Zeit wenden.

6. Für das Topping die Avocados halbieren, vom Kern befreien, schälen und das Fruchtfleisch in längliche Scheiben schneiden. Die Bio-Limette auspressen. Den Koriander waschen, trocken schütteln und die Blätter abzupfen.

7. Nudeln, Rotkohl, Zucchini, Chili, Mango und Frühlingszwiebeln mit der Hälfte des Korianders mischen, salzen. Den Salat auf vier Schalen verteilen und Tofu, Avocado und Bohnenkeime darauf verteilen. Mit dem restlichen Koriander garnieren und Tahini-Dressing sowie Limettensaft darüberträufeln.

WARME SALATE

Reichhaltig, angenehm sättigend und behaglich wärmend: Auch das kann ein Salat sein! In diesem Kapitel präsentiere ich Salate, die selbst einen grauen Herbsttag leuchten lassen. Meine warmen Salate erfordern teilweise etwas mehr Zeit, weil einige der Zutaten im Backofen zubereitet werden. Aber mit ein wenig Vorbereitung gelingen Ihnen diese Salate ebenfalls leicht. Quinoa, Hirse, Getreide und Reis oder geröstete Wurzelgemüse können Sie im Voraus zubereiten. Denken Sie nur daran, die Sachen rechtzeitig aus dem Kühlschrank zu nehmen, bevor Sie den Salat fertigstellen. Mit den frisch gekochten Zutaten wird ein perfekt temperierter Salat daraus. Die meisten Salate aus diesem Kapitel schmecken natürlich auch abgekühlt ausgezeichnet.

Asia-Bowl mit Kokos-Quinoa, Pak Choi und Ingwer-Tofu

4 PORTIONEN

VG

GF

NF

Auf Asiatisches habe ich immer Lust. Hier habe ich als Grundlage Quinoa mit Kokosmilch statt mit Wasser gekocht und ein Gemüse gewählt, das ich mit fernöstlicher Küche verbinde: die chinesische Kohlsorte Pak Choi, passend dazu im Ofen gebackenen Tofu. Alles zusammen füllt eine Salatschüssel, die wärmt und sättigt – man muss nur noch zum Löffel greifen.

ZUTATEN

120 g weiße Quinoa
200 ml Kokosmilch
2 große Pak Choi
Meersalz
250 g grüne Sojabohnen
　　(TK, aus dem Asiahandel)
2 Frühlingszwiebeln
1 rote Chilischote
250 g braune Champignons
1 EL kalt gepresstes Kokosöl

INGWER-TOFU

1 Packung fester Tofu (etwa 270 g)
1 Knoblauchzehe
2 EL kalt gepresstes Kokosöl
1 EL geriebener Ingwer
2 EL Tamari (würzige glutenfreie
　　Sojasauce)

TOPPING

½ Bund Thaibasilikum
1 Bio-Limette
Tamari (würzige glutenfreie Soja-
　　sauce)

ZUBEREITUNG

1. Den Tofu mindestens 30 Minuten pressen. Den Backofen auf 200 °C (Ober-/Unterhitze) vorheizen.

2. Für den Ingwer-Tofu den Knoblauch schälen und durchpressen. Das Öl zerlassen. Ingwer, Knoblauch, Öl und Tamari in einem Plastikbeutel mischen. Den Tofu würfeln, in der Marinade mindestens 30 Minuten marinieren.

3. Für den Salat die Quinoa nach Packungsangabe in der Kokosmilch und 200 ml Wasser kochen. Abkühlen lassen und auflockern.

4. Den Pak Choi putzen und jeweils halbieren, dann in Salzwasser 3 Minuten blanchieren. Mit kaltem Wasser abschrecken. Abtropfen lassen und leicht salzen.

5. Die Sojabohnen separat kurz blanchieren. Die Frühlingszwiebeln putzen und schräg in Scheiben schneiden. Die Chili waschen und zwischen den Handflächen rollen.

Vom Stielansatz befreien und die Samen herausschütteln, dann die Schote in feine Streifen schneiden. Die Champignons abbürsten und in Scheiben schneiden.

6. Die Pilze bei mittlerer Hitze in Öl braten.

7. Die Tofuwürfel auf einem Backblech im Ofen auf der mittleren Schiene 20 Minuten knusprig backen. Nach der Hälfte der Zeit wenden.

8. Für das Topping das Thaibasilikum waschen und zerzupfen. Die Limette auspressen.

9. Quinoa, Sojabohnen, Frühlingszwiebeln, Chili sowie Pilze mischen und auf vier Schalen verteilen. Kohl, Tofu, etwas Thaibasilikum darauflegen. Mit Limettensaft beträufeln und mit noch etwas mehr Tamari servieren.

»Chopped salad« mit Grünkohl, Mandeln und gebackenen Tomaten

GF

4 PORTIONEN

In den USA findet man den »chopped salad« auf fast jeder Speisekarte – es ist ein Salat, bei dem wortwörtlich alles zusammengewürfelt wird. Deshalb sieht er auch überall anders aus. Ich verarbeite unheimlich gern jede Menge verschiedene Gemüse und schneide sie in gleich große Stücke. In einer Schüssel vermengt mit einem guten Dressing oder einem Dip dazu ist der Salat schnell fertig und wird supergern mit Stäbchen gegessen oder gelöffelt.

ZUTATEN

120 g Quinoa Tricolore
250 g Cocktailtomaten
1 EL Olivenöl
1 Msp. Meersalz
200 g Grünkohl
250 g Portobellos (Riesenchampignons)
30 g Mandeln
150 g Zuckerschoten
1 EL kalt gepresstes Kokosöl

TOPPING

50 g Erbsensprossen
150 g Feta

BEILAGE

Kräuterhummus (siehe Seite 104)

ZUBEREITUNG

1. Für den Salat die Quinoa nach Packungsangabe kochen (oder vorgekocht verwenden). Abkühlen lassen und mit einer Gabel auflockern.

2. Den Backofen auf 200 °C (Ober-/ Unterhitze) vorheizen. Die Tomaten waschen und halbieren, in eine ofenfeste Form legen, mit Olivenöl beträufeln und mit Salz würzen. Im vorgeheizten Ofen auf der mittleren Schiene 30 Minuten backen, bis die Tomaten etwas zusammenfallen und an den Rändern knusprig sind.

3. Den Grünkohl putzen und die Blätter in Streifen schneiden. Die Pilze abbürsten und in kleinere Stücke schneiden. Die Mandeln grob hacken. Die Zuckerschoten waschen und schräg in kleinere Stücke schneiden.

4. Das Kokosöl in einem Wok bei mittlerer Hitze erwärmen. Pilze und Zuckerschoten 2 Minuten darin braten. Grünkohl und Mandeln hinzufügen und alles weitere 5 Minuten braten. Vom Herd nehmen und Quinoa sowie Tomaten untermischen.

5. Den Salat in einer großen Schale anrichten. Unmittelbar vor dem Servieren mit Erbsensprossen und zerkrümeltem Feta garnieren. Dazu Kräuterhummus servieren.

TIPP:
Wenn Sie die Tomaten nicht selbst trocknen wollen, verwenden Sie sonnengetrocknete Tomaten oder auch halbgetrocknete Tomaten.

Für eine vegane Variante verwenden Sie Tamari-Tofu (siehe Seite 43) anstelle des Feta.

Französischer Salat à la Ratatouille

VG

GF

4 PORTIONEN

Der französische Klassiker Ratatouille, aber als Salat! Legen Sie einfach ein paar Gemüsespieße zusätzlich auf den Grill – damit ist das Allermeiste für den Sattmacher-Salat am nächsten Tag bereits getan. Den grünen Bohnendip nehmen wir aus dem Vorrat, dann muss nur noch der Reis gekocht werden. Und schon ist der Salat fertig, der so viele köstliche Aromen vereinigt!

ZUTATEN

120 g roter Reis
1 mittelgroße Aubergine
2 Paprikaschoten (möglichst
    verschiedenfarbig)
1 mittelgroße Zucchini
2 kleine rote Zwiebeln
1 Knoblauchzehe
2 EL Rapsöl
1 TL getrockneter Thymian
½ TL Himalayasalz
1 Msp. frisch gemahlener
    schwarzer Pfeffer
1 Bund krause Petersilie
Zesten und 1 EL Saft von 1 Bio-Zitrone
250 g Cocktailtomaten
65 g junger Spinat

TOPPING

krause Petersilie zum Garnieren
40 g Walnusskerne

BEILAGE

Grüner Bohnendip mit Minze
    (siehe Seite 99)

ZUBEREITUNG

1. Für den Salat den Reis nach Packungsangabe kochen, gut abtropfen lassen.

2. Die Aubergine waschen und in 1 cm dicke Scheiben schneiden. Die Scheiben auf ein Brett legen, auf den Schnittflächen leicht salzen und 30 Minuten ruhen lassen. Dann die ausgetretene Flüssigkeit mit Küchenpapier abtupfen.

3. Die Paprika waschen und halbieren, von Stielansätzen sowie Samen befreien und in mundgerechte Stücke schneiden. Die Zucchini waschen und in 1 cm dicke Scheiben schneiden. Die Zwiebeln schälen und in Spalten schneiden.

4. Den Knoblauch schälen und fein reiben, mit Öl, Thymian, Salz und Pfeffer mischen.

5. Auberginenscheiben, Paprika, Zucchini und Zwiebeln auf Grillspieße stecken und mit dem Knoblauchöl bestreichen. So lange grillen, bis sie weich sind und eine

schöne Farbe haben. Anschließend abkühlen lassen.

6. Die Petersilie waschen, trocken schütteln und grob hacken. Zitronenschale und -saft mit dem Reis verrühren. Die Tomaten waschen und halbieren.

7. Die gegrillten Gemüsestücke vorsichtig mit dem Reis und den Tomaten vermengen. Den Spinat waschen, trocken schütteln und untermischen. Den Salat in einer großen Schüssel anrichten, mit Petersilie garnieren und mit Walnusskernen bestreuen. Den grünen Bohnendip als Beilage dazu servieren.

TIPP:

Den Salat ohne Grill zubereiten: Backofen auf 225 °C (Ober-/Unterhitze) vorheizen, das Gemüse auf einem Blech mit Knoblauchöl beträufeln. Auf der mittleren Schiene 25 Minuten weich rösten. Nach der Hälfte der Zeit das Gemüse wenden.

Fruchtiger Dinkelsalat mit gerösteten Pastinaken, Aubergine und Ziegenkäse

NF

4 PORTIONEN

Früchte verleihen dem Salat eine delikate natürliche Süße – hier verwende ich Birnen, deren Aroma gut zum Ziegenkäse passt. Dinkel ist ein vitaminreiches Getreide, das außerdem viele Mineralien und sogar Proteine beinhaltet. Es hat einen körnigen Biss und einen leicht nussigen Geschmack, was zu diesem Salat ausgezeichnet passt. Der rohe Fenchel, den ich mit dem gerösteten Gemüse mische, bildet einen schönen Kontrast.

ZUTATEN

120 g Dinkelkörner
1 mittelgroße Aubergine
Meersalz
4 mittelgroße Pastinaken
2 kleine rote Zwiebeln
1 EL Rapsöl
1 Msp. frisch gemahlener
    schwarzer Pfeffer
1 Fenchelknolle
2 Birnen
65 g gemischter Blattsalat

DRESSING
Kräuteröl (siehe Seite 117)

TOPPING
150 g Ziegenweichkäse
Hummus nach Belieben
    (siehe ab Seite 102)
30 g Kürbiskerne

ZUBEREITUNG

1. Für den Salat den Dinkel nach Packungsangabe kochen (oder vorgekocht verwenden).

2. Den Backofen auf 200 °C (Ober-/ Unterhitze) vorheizen. Die Aubergine waschen und in große Spalten oder dicke Scheiben schneiden, auf ein Brett legen und auf den Schnittflächen salzen. Etwa 30 Minuten ruhen lassen und dann die ausgetretene Flüssigkeit mit Küchenpapier abtupfen.

3. Die Pastinaken schälen und in Stäbchen schneiden, die Zwiebeln schälen und in Spalten schneiden. Auberginen, Pastinaken und Zwiebeln auf ein mit Backpapier belegtes Blech geben, mit Öl beträufeln, salzen und pfeffern. Im vorgeheizten Ofen auf der mittleren Schiene 20–25 Minuten rösten, bis die Auberginen cremig, die Zwiebeln und Pastinaken weich sind, aber noch Biss haben. Nach der Hälfte der Zeit das Gemüse vorsichtig wenden.

4. Den Fenchel putzen, mit der Mandoline in dünne Scheiben hobeln oder mit einem scharfen Messer fein schneiden. Dann 10 Minuten in Eiswasser legen. Die Birnen waschen und in Spalten schneiden, vom Kerngehäuse befreien. Den Salat waschen und trocken schütteln.

5. Für das Topping die Kürbiskerne in einer heißen Pfanne ohne Fett rösten, bis sie anfangen zu knacken und goldbraun schimmern.

6. Dinkel, geröstetes Gemüse, Fenchel, Birne und Salat in einer großen Schüssel mischen. Mit Kräuteröl beträufeln, den Ziegenkäse darüberkrümeln und mit Kürbiskernen garnieren.

Gegrillter Sommersalat mit Basilikum-Pecorino-Creme

4 PORTIONEN

GF

NF

Farbenfrohe Gemüsesorten und ein herrlich cremiges grünes Basilikum-Pecorino-Dressing bringen den Sommer auf den Teller. Das gegrillte Gemüse, das nicht nur auf dem Grill, sondern natürlich auch in der Pfanne oder im Wok gebraten werden darf, verleiht noch mehr sommerliches Aroma. Der Salat schmeckt genauso gut kalt als Hauptmahlzeit wie lauwarm direkt vom Grill als Beilage. Er lässt sich problemlos auch noch für das Strand-picknick am nächsten Tag einpacken.

ZUTATEN

120 g Hirse
2 mittelgroße Zucchini
2 Maiskolben
1 EL Olivenöl
½ TL Himalayasalz
4 Pflaumen
1 Dose große weiße Bohnen
  (etwa 240 g)
100 g junger Spinat
1 Bund Zitronenmelisse

TOPPING

30 g Kürbiskerne

BEILAGE

Basilikum-Pecorino-Creme
  (siehe Seite 120, für eine vegane
  Variante alternativ Kräuteröl,
  siehe Seite 117)

ZUBEREITUNG

1. Für den Salat die Hirse nach Packungsangabe kochen (oder vorgekochte verwenden). Ausdampfen und ganz abkühlen lassen. Dann die Hirse vorsichtig mit einer Gabel etwas auflockern.

2. Die Zucchini waschen und längs halbieren. Von den Maiskolben eventuell die äußeren Blätter entfernen. Das Gemüse mit Öl bestreichen und salzen.

3. Zucchini und Mais grillen, bis sie eine schöne Farbe und deutliche Grillstreifen haben; alternativ brät man sie bei mittlerer bis starker Hitze in der Pfanne. Wenn der Mais in der Pfanne gebraten wird, sollte er 10 Minuten vorgegart werden. Danach alles etwas abkühlen lassen.

4. Die Zucchinihälften schräg in große Stücke schneiden. Die Mais-kolben senkrecht in eine Schüssel stellen und die Maiskörner mit einem scharfen Messer rundherum vom Kolben herunterschneiden.

5. Die Pflaumen waschen, vom Kern befreien und in Spalten schneiden. Die weißen Bohnen abgießen und unter fließendem Wasser abspülen. Spinat und Zitronenmelisse waschen und trocken schütteln, beides grob zerzupfen.

6. Für das Topping die Kürbiskerne in einer heißen Pfanne ohne Fett rösten, bis sie anfangen zu knacken und goldbraun werden.

7. Die Bohnen mit 1 EL der Basilikum-Pecorino-Creme mischen. Hirse, Zucchini, Mais, Pflaumen, Bohnen, Spinat und Zitronenmelisse in einer großen Schale anrichten. Mit Kürbiskernen garnieren. Mehr Basilikum-Pecorino-Creme als Beilage dazu servieren.

Hafer-Belugalinsen-Salat mit Gelben Beten, Mangold und roten Trauben

VG

4 PORTIONEN

Die Getreide und Hülsenfrüchte, die man als Basis für einen Salat verwendet, bestimmen sein Aroma. Hier bilden ganze Haferkörner und Belugalinsen die Grundlage. Probieren Sie auch einmal andere Sorten aus und schon haben Sie einen ganz neuen Salat!

ZUTATEN

60 g ganze Haferkörner
80 g Belugalinsen
6 mittelgroße Gelbe Beten
1 EL Rapsöl, plus Öl zum Braten
Meersalz
200 g Mangold
200 g rote Weintrauben
1 Stück Lauch (etwa 10 cm)
75 g Feldsalat

PESTO-DRESSING

3 EL Grünkohlpesto (siehe Seite 121)
    oder ein anderes veganes Pesto
2 EL kalt gepresstes Olivenöl
1 EL Zitronensaft
Himalayasalz
frisch gemahlener schwarzer Pfeffer

BEILAGE

Grünkohlpesto (siehe Seite 121)

ZUBEREITUNG

1. Für den Salat Hafer und Belugalinsen nach Packungsangabe kochen (oder vorgekocht verwenden). Abkühlen lassen.

2. Den Backofen auf 200 °C (Ober-/ Unterhitze) vorheizen. Die Gelben Beten schälen und in Spalten schneiden. Auf ein Blech legen, mit Öl beträufeln und salzen. Im vorgeheizten Ofen auf der mittleren Schiene 30 Minuten backen, bis die Beten weich sind, aber noch Biss haben.

3. Den Mangold waschen und trocken schütteln. Die Stiele in Stücke und die Blätter grob in Streifen schneiden. Die Stiele bei mittlerer Hitze 3–4 Minuten in Öl braten, dann die Blätter hinzufügen und beides weitere 3 Minuten braten.

4. Die Weintrauben waschen, etwas trocken tupfen und halbieren. Den Lauch längs halbieren, gut abspülen und in feine Streifen schneiden. Den Salat waschen und trocken schütteln.

5. Für das Dressing Pesto, Öl und Zitronensaft mixen. Mit Salz und Pfeffer abschmecken.

6. Hafer, Belugalinsen und Lauch vermengen. Die Mischung mit den Gelben Beten, Mangold, Trauben und Salat auf einer großen Platte anrichten. Mit dem Pesto-Dressing beträufeln. Zusätzlich etwas Grünkohlpesto mit gerösteten Mandeln dazu servieren.

TIPP:

Sollte der Hafer nicht garantiert glutenfrei sein, kann man auch Quinoa oder Hirse für einen glutenfreien Salat verwenden.

Den Mangold können Sie durch 200 g Blattspinat ersetzen.

Italienischer Fettuccine-Salat mit Nektarinen-Limetten-Dressing

4 PORTIONEN

Für Nudelgerichte verwende ich am liebsten Nudeln aus Bohnen. Teils, weil sie viele Ballaststoffe und Proteine enthalten, teils, weil sie besser schmecken und sättigen. Servieren Sie Pastagerichte auf großen Tellern mit wenigen, aber gut ausgewählten Zutaten – so, wie man es in Italien macht. Diese Bohnennudeln hier erhalten ein cremiges, fruchtiges Dressing aus sonnenreifen Nektarinen, Limetten und Minze. Und sie werden ergänzt durch halbgetrocknete Tomaten, Basilikum, Rucola und Mozzarella.

ZUTATEN

4 große Strauchtomaten
1 Knoblauchzehe
1 EL kalt gepresstes Olivenöl
1 EL Rotweinessig
½ TL Meersalzflocken,
    plus Salz zum Kochen
½ Msp. frisch gemahlener
    schwarzer Pfeffer
150 g Zuckerschoten
200 g Fettuccine-Bohnen-Nudeln
    (aus dem veganen Lebensmittelhandel)
250 g Mozzarella
65 g Rucola
1 Bund Basilikum

DRESSING

Nektarinen-Limetten-Dressing
    (siehe Seite 117)

TOPPING

2 EL Pinienkerne
Basilikumblätter zum Garnieren

ZUBEREITUNG

1. Für den Salat den Backofen auf 200 °C (Ober-/Unterhitze) vorheizen.

2. Die Tomaten waschen, in Spalten schneiden und in eine ofenfeste Form legen. Den Knoblauch fein reiben und mit Öl, Essig sowie Salz und Pfeffer verrühren. Mit den Tomaten mischen. Die Tomaten nebeneinander auf ein Blech legen und im vorgeheizten Ofen auf der mittleren Schiene 1 Stunde backen, bis sie etwas zusammenfallen und an den Rändern knusprig werden.

3. Die Zuckerschoten putzen und in Salzwasser 5 Minuten blanchieren. Danach in eine Schüssel mit kaltem Wasser legen, um das Garen zu unterbrechen.

4. Die Nudeln nach Packungsangabe kochen, abgießen und abtropfen lassen. Anschließend mit der Hälfte des Nektarinen-Limetten-Dressings mischen.

5. Den Mozzarella in kleinere Stücke zerpflücken. Rucola und Basilikum waschen und trocken schütteln, etwas zerzupfen.

6. Für das Topping die Pinienkerne in einer heißen Pfanne ohne Fett goldbraun rösten.

7. Nudeln, Tomaten, Zuckerschoten, Mozzarella, Rucola und Basilikum auf großen Tellern anrichten. Pinienkerne und noch etwas Basilikum darüberstreuen. Das restliche Dressing dazu servieren.

TIPP:

Die halbgetrockneten Tomaten aus dem Ofen schmecken im Salat, aber auch auf Sandwiches. Sie halten in einem Schraubglas mit Olivenöl bedeckt im Kühlschrank bis zu vier Tagen.

Marokkanischer Möhrensalat mit Rosinen, Pistazien und Kräuterhummus

VG

GF

4 PORTIONEN

Mit grob geschnittenem Gemüse wird ein Salat herrlich rustikal. Süße Rosinen und frische Minze verleihen ihm ein marokkanisches Aroma. Der Clou ist die nordafrikanische Gewürzmischung Harissa. Sie besteht oft aus Cayennepfeffer, Kreuzkümmel sowie Knoblauch und ist recht scharf – dosieren Sie am besten vorsichtig und nach Ihrem Geschmack. Als Beilage kommt ein cremiger Hummus dazu, der das Gericht noch marokkanischer macht und eine gute Portion Protein beisteuert.

ZUTATEN

60 g schwarze Quinoa

600 g Möhren

2 rote Paprikaschoten

½ TL Kümmelsamen

2 EL Olivenöl

1 EL Harissa (marokkanische Gewürzpaste)

½ TL Meersalz

250 g bunte Cocktailtomaten

1 Bund krause Petersilie

1 Bund Minze

30 g gelbe Rosinen

TOPPING

25 g geschälte Pistazien

BEILAGE

1 Bio-Zitrone

Kräuterhummus (siehe Seite 104)

ZUBEREITUNG

1. Für den Salat die Quinoa nach Packungsangabe kochen (oder vorgekocht verwenden). Abkühlen lassen und mit einer Gabel auflockern.

2. Den Backofen auf 225 °C (Ober-/Unterhitze) vorheizen. Die Möhren gut abbürsten und schräg in dicke Scheiben schneiden. Die Paprika waschen, von Stielansatz und Samen befreien und in längliche Spalten schneiden.

3. Den Kümmel im Mörser zerstoßen und mit Öl, Harissa und Salz in einer Schüssel mischen. Möhren und Paprika darin wenden, bis das Gemüse von der Gewürzmischung bedeckt ist. In einer ofenfesten Form im vorgeheizten Ofen auf der mittleren Schiene 35 Minuten rösten, bis die Paprikastücke weich und die Möhren an den Rändern knusprig sind. Das Gemüse nach der Hälfte der Zeit einmal wenden. Danach etwas abkühlen lassen.

4. Die Tomaten waschen und halbieren. Die Petersilie waschen, trocken schütteln und grob hacken. Die Minze waschen, trocken schütteln, grob zerzupfen und etwas davon für die Dekoration beiseitelegen. Für das Topping die Pistazien grob hacken.

5. Möhren, Paprika, Quinoa, Tomaten, Petersilie, Minze und Rosinen in einer großen Schüssel vermengen. Pistazien und etwas Minze darüberstreuen. Die Zitrone in Spalten schneiden und mit dem Hummus dazu servieren.

Kürbis-Bowl mit Quinoa, Rote-Bete-Bällchen und Ziegenkäsecreme 4 PORTIONEN

GF

Geriebene Rote Beten, die zu Bällchen oder Bratlingen geformt werden, sind saftig und sättigend. Probieren Sie sie auch gern mit anderen Kräutern aus! Aus dem Rote-Bete-Teig lassen sich auch größere Frikadellen formen und als Burger servieren. Mit einem Löffel Olivenöl wird aus der Käsecreme ein Burger-Dressing.

ZUTATEN

120 g rote Quinoa
1 kg Butternut-Kürbis
200 g Palmkohl (alternativ Grünkohl)
2 EL Rapsöl
Meersalz
frisch gemahlener schwarzer Pfeffer
65 g Feldsalat

ROTE-BETE-BÄLLCHEN

3 mittelgroße Rote Beten
1 Schalotte
1 Knoblauchzehe
1 Bund Basilikum, zerzupft
60 g glutenfreie Haferflocken
   (auch mit normalen Haferflocken
   machbar, aber dann sind die Bällchen nicht garantiert glutenfrei)
2 EL Olivenöl
1 Ei
2 Msp. Himalayasalz
½ Msp. frisch gemahlener
   schwarzer Pfeffer

TOPPING

100 g Ziegenweichkäse
1 EL kalt gepresstes Olivenöl
1 EL Honig
50 g Pistazien (nach Belieben)
Alfalfasprossen (nach Belieben)

DRESSING

Tahini-Dressing (siehe Seite 116)

ZUBEREITUNG

1. Für die Bällchen Rote Beten, Schalotte und Knoblauch schälen und fein reiben, mischen. Basilikum, Haferflocken, Öl, Ei, Salz und Pfeffer mit der Rote-Bete-Mischung vermengen und 30 Minuten quellen lassen.

2. Für den Salat die Quinoa nach Packungsangabe kochen.

3. Den Backofen auf 175 °C (Ober-/Unterhitze) vorheizen. Den Kürbis schälen, halbieren und von den Kernen befreien. In 2 × 2 cm große Würfel schneiden und auf eine Hälfte eines Backblechs legen.

4. Die Rote-Bete-Mischung zu 16 Bällchen formen, auf die andere Hälfte des Backblechs legen. Alles im Ofen auf der mittleren Schiene 25–30 Minuten backen, nach der Hälfte der Zeit einmal wenden.

5. Die Kohlblätter waschen und zerzupfen. Mit 1 EL Öl und einer Prise Salz durchkneten, bei mittlerer Hitze im restlichen Öl (1 EL) weich braten. Salzen und pfeffern. Den Salat waschen und trocken schütteln.

6. Für das Topping Käse, Öl und Honig zu einer glatten Creme verrühren.

7. Quinoa, Kürbis und Kohl vermengen und mit dem Salat in vier Schalen anrichten. Mit Bällchen, Käsecreme sowie nach Belieben Pistazien und Sprossen garnieren. Als Beilage Tahini-Dressing dazu servieren.

Gerösteter Blumenkohlsalat mit Brokkoli, roten Zwiebel-Pickles und Cashew-Dressing

4 PORTIONEN

Blumenkohl und Brokkoli werden wunderbar weich und behalten dennoch Biss, wenn man sie bei starker Hitze im Backofen röstet. Hier mische ich die Kohlsorten mit dem Getreide Emmer, das Proteine und zusätzlich Biss beisteuert. Dazu kommen rohe, gehobelte Gelbe Beten, cremige Avocado und rote Zwiebel-Pickles. Das Cashew-Dressing verleiht zusätzlich gesunde Fette.

ZUTATEN

160 g Emmer (alternativ roter Reis für eine glutenfreie Variante)

1 kleiner Blumenkohl

1 Brokkoli

1 EL Rapsöl

½ TL Meersalz

1 Msp. frisch gemahlener schwarzer Pfeffer

2 kleine rote Zwiebeln

50 ml Essigessenz (12 %)

1 EL Honig (alternativ Agavensirup für eine vegane Variante)

2 kleine Gelbe Beten

2 Avocados

65 g gemischter Blattsalat

TOPPING

1 Granatapfel

DRESSING

Cashew-Dressing (siehe Seite 115)

ZUBEREITUNG

1. Für den Salat den Emmer nach Packungsangabe kochen (oder vorgekocht verwenden). Abkühlen lassen.

2. Den Backofen auf 250 °C mit zugeschalteter Grillstufe vorheizen. Blumenkohl und Brokkoli putzen, in kleinere Röschen teilen, auf einem mit Backpapier belegten Blech ausbreiten und mit Öl, Salz und Pfeffer mischen. Im vorgeheizten Ofen auf der mittleren Schiene 15 Minuten rösten, nach der Hälfte der Zeit das Gemüse wenden. Abkühlen lassen.

3. Die Zwiebeln schälen, in Scheiben schneiden und in eine hitzebeständige Schüssel legen. Die Essigessenz mit 100 ml Wasser aufkochen, den Topf vom Herd nehmen und den Honig einrühren. Die noch warme Flüssigkeit über die Zwiebeln gießen, mit Frischhaltefolie abdecken und 10 Minuten ziehen lassen. Dann die Lake abgießen.

4. Die Gelben Beten schälen und mit einer Mandoline in dünne Scheiben hobeln oder mit einem scharfen Messer in sehr dünne Scheiben schneiden. Diese 10 Minuten in Eiswasser legen. Die Avocados halbieren, vom Kern befreien, in Spalten schneiden und schälen. (Mit Limettensaft beträufeln, wenn sie nicht sofort gegessen werden.) Den Salat waschen und trocken schütteln.

5. Emmer, Blumenkohl, Brokkoli, Gelbe Beten, Zwiebel-Pickles, Avocado und Salat in einer großen Schale anrichten.

6. Den Granatapfel halbieren und die Kerne herauslösen.

7. Den Salat mit Granatapfelkernen garnieren und Cashew-Dressing dazu servieren.

Salat mit rotem Reis, Roten Beten und gebackenem Basilikum-Tofu

4 PORTIONEN

VG

GF

NF

Roter Reis hat etwas Biss, schmeckt leicht nussig und steckt voller
Nährstoffe. Ich koche meinen Reis oft etwas kürzer als angegeben
und bei sehr schwacher Hitze. Beeren im Salat geben ihm ein
sommerliches Aroma. Statt Heidelbeeren kann man Erdbeeren,
Kirschen oder süßes Obst wie Nektarinen verwenden.

ZUTATEN

120 g roter Reis
6 mittelgroße Rote Beten
1 EL Olivenöl
½ TL Meersalz
schwarzer Pfeffer
1 mittelgroßer roter Spitzkohl
1 Avocado
125 g Heidelbeeren
65 g Mangold oder junger Spinat

GEBACKENER BASILIKUM-TOFU

1 Packung fester Tofu (etwa 270 g)
1 EL kalt gepresstes Rapsöl
1 EL Rotweinessig
1 EL getrocknetes Basilikum
½ TL Himalayasalz

DRESSING

Kräuteröl (siehe Seite 117)

TOPPING

35 g Buchweizenkörner
2 EL Schnittlauchröllchen

ZUBEREITUNG

1. Den Tofu mindestens 30 Minuten pressen.

2. Den Backofen auf 200 °C (Ober-/Unterhitze) vorheizen.

3. Für den Tofu Öl, Essig, Basilikum und Salz in einem Plastikbeutel mischen. Den Tofu würfeln und mindestens 30 Minuten darin marinieren.

4. Für den Salat den Reis nach Packungsangabe kochen. Danach mit kaltem Wasser abspülen, abtropfen lassen, beiseitestellen.

5. Die Beten schälen und in Spalten schneiden. Auf einer Hälfte eines Backblechs mit Öl, Salz und Pfeffer mischen. Im Ofen auf der mittleren Schiene 30 Minuten rösten. Die letzten 20 Minuten die Tofuwürfel auf die andere Blechhälfte legen. So lange rösten, bis die Beten weich sind, innen aber noch Biss haben und der Tofu an den Rändern knusprig ist. Nach der Hälfte der Zeit einmal wenden.

6. Den Spitzkohl putzen und in große Stücke schneiden. Den Kohl in kochendem Wasser 5 Minuten dünsten, dann sofort in kaltes Wasser legen.

7. Für das Topping den Buchweizen in einem Sieb mit kochendem Wasser übergießen und abtropfen lassen. In einer heißen Pfanne ohne Fett knusprig rösten, abkühlen lassen.

8. Die Avocado halbieren, vom Kern befreien und das Fruchtfleisch herauskratzen. Heidelbeeren und Mangold waschen und trocken tupfen. Reis, Beten, Spitzkohl, Avocado, die Hälfte der Heidelbeeren, Mangold und Tofu vermengen. Die Hälfte des Kräuteröls darüberträufeln, Buchweizen darüberstreuen. Mit restlichen Heidelbeeren und Schnittlauch garnieren. Das restliche Kräuteröl dazu reichen.

Süßkartoffelsalat mit Pfifferlingen, Kohl und Koriandermayonnaise

4 PORTIONEN

 VG

 GF

NF

Frische, goldene Pfifferlinge machen einen Salat zu einer echten Delikatesse und er sieht damit unglaublich schön aus! Das Highlight dieses Salats ist das Dressing, dessen Geschmack an die Asiafrucht Yuzu erinnert.

ZUTATEN

2 mittelgroße Süßkartoffeln

1 kleiner Blumenkohl

1 EL Rapsöl, plus Öl zum Braten

½ TL Meersalz, plus Salz für die Pilze

1 Msp. frisch gemahlener schwarzer Pfeffer, plus Pfeffer für die Pilze

250 g Rosenkohl

150 g Zuckerschoten

65 g gemischter Blattsalat

250 g gelbe Pfifferlinge (alternativ Austernseitlinge)

1 Dose Cannellinibohnen (etwa 240 g)

FALSCHES YUZU-DRESSING

2 EL Limettensaft

2 EL Grapefruitsaft

Zesten von 1 Bio-Zitrone

1 EL Tamari (würzige glutenfreie Sojasauce)

KORIANDERMAYONNAISE

1 Bund Koriandergrün

150 g vegane Mayonnaise (siehe Seite 121 oder ein Fertigprodukt)

Himalayasalz

frisch gemahlener schwarzer Pfeffer

TOPPING

35 g Buchweizenkörner

Korianderblätter

ZUBEREITUNG

1. Den Backofen auf 250 °C (Ober-/Unterhitze) vorheizen.

2. Für das Dressing alle Zutaten miteinander verrühren.

3. Für den Salat die Süßkartoffeln abbürsten und in große Spalten schneiden. Den Blumenkohl putzen und in kleinere Röschen zerteilen. Beides mit Öl, Salz und Pfeffer mischen und auf einem Backblech ausbreiten. Im vorgeheizten Ofen auf der mittleren Schiene 25 Minuten rösten; nach der Hälfte der Zeit einmal durchrühren. Abkühlen lassen, Kartoffeln und Blumenkohl mit dem Dressing mischen.

4. Rosenkohl und Zuckerschoten putzen, die Röschen halbieren und beides 5 Minuten dünsten. Sofort in eine Schüssel mit kaltem Wasser legen, um das Garen zu unterbrechen. Den Salat waschen und trocken schütteln.

5. Die Pfifferlinge putzen. In Öl goldbraun braten, salzen und pfeffern. Die Bohnen abspülen und abtropfen lassen.

6. Für das Topping den Buchweizen in einem feinmaschigen Sieb mit kochendem Wasser übergießen und abtropfen lassen. In einer heißen Pfanne ohne Fett rösten, bis der Buchweizen anfängt zu knacken und knusprig wird. Abkühlen lassen.

7. Für die Mayonnaise den Koriander waschen, trocken schütteln und die Blätter abzupfen. Koriander und Mayonnaise mit dem Mixer fein pürieren. Mit Salz und Pfeffer abschmecken.

8. Gemüse, Bohnen und Salat auf einer großen Platte anrichten. Die Mayonnaise in kleinen Tupfen auf den Salat spritzen, Buchweizen und restlichen Koriander darüberstreuen. Mayonnaise dazu servieren.

Wildreissalat mit geröstetem Kürbis, Avocado und Pekannüssen

4 PORTIONEN

Wildreis ist trotz seines Namens kein Reis, sondern der Samen eines Süßgrases. Sein guter Geschmack und angenehmer Biss machen ihn zu einer perfekten Salatzutat. Außerdem ist er eine gute Proteinquelle! Wenn Sie richtig hungrig sind, können Sie noch etwas Hummus zum Salat servieren; mir gefällt die Variante mit Kräutern am allerbesten.

ZUTATEN

120 g Wildreis
100 g Grünkohl
1 EL kalt gepresstes Olivenöl
Himalayasalz
1 kg Hokkaido oder ein anderer
    Speisekürbis, etwa Butternut
2 rote Zwiebeln
1 EL Rapsöl
½ Msp. frisch gemahlener
    schwarzer Pfeffer
250 g grüne Bohnen
2 Avocados
100 g Feldsalat

DATTELVINAIGRETTE

1 Dattel
2 EL mildes, kalt gepresstes Rapsöl
3 EL Orangensaft
1 Msp. Chiliflocken
Himalayasalz
frisch gemahlener schwarzer Pfeffer

TOPPING

40 g Pekannüsse (bei Nussallergie
    weglassen)

BEILAGE

Kräuterhummus (siehe Seite 104)

ZUBEREITUNG

1. Für den Salat den Wildreis nach Packungsangabe kochen (oder vorgekocht verwenden). Abkühlen lassen.

2. Den Grünkohl putzen und die Blätter in kleinere Stücke zupfen. Mit dem Olivenöl und einer Prise Salz kräftig durchkneten. Beiseitestellen.

3. Den Backofen auf 200 °C (Ober-/ Unterhitze) vorheizen. Den Kürbis halbieren, schälen, von den Kernen befreien und in Scheiben schneiden. Die Zwiebeln schälen und in Spalten schneiden. Kürbis und Zwiebeln auf einem mit Backpapier belegten Blech mit Rapsöl, Salz und Pfeffer mischen. Im vorgeheizten Ofen auf der mittleren Schiene 20 Minuten rösten. Nach der Hälfte der Zeit die Gemüsestücke wenden.

4. Die Bohnen putzen, in sprudelndem Wasser 7 Minuten blanchieren und sofort in eine Schüssel mit kaltem Wasser geben, um das Garen zu unterbrechen.

5. Für das Topping die Pekannüsse in einer heißen Pfanne ohne Fett rösten. Abkühlen lassen. Die Avocados halbieren, vom Kern befreien und das Fruchtfleisch mit einem Löffel herauskratzen. Den Salat putzen, waschen und trocken schütteln.

6. Für die Vinaigrette die Dattel vom Kern befreien. Alle Zutaten pürieren und mit Salz sowie Pfeffer abschmecken.

7. Wildreis, Kürbis, Zwiebeln und Bohnen mit der Hälfte der Vinaigrette mischen. Mit Salat, Grünkohl und den Avocados auf einer großen Platte anrichten. Mit Pekannüssen garnieren. Die restliche Dattelvinaigrette und den Kräuterhummus als Beilage servieren.

Wintersalat mit geröstetem Palmkohl, Belugalinsen und Orangenvinaigrette

VG

GF

4 PORTIONEN

Mit Zimt geröstete Schwarzwurzeln, saisonaler Kohl und süße Cranberrys machen den herrlichen Geschmack dieses Salates aus, der während der kalten Jahreszeit so angenehm wärmt. Man isst ihn mit einem Klecks würzigem Rote-Bete-Hummus oder stellt ihn mit anderen Speisen zu einem Mahl zusammen. Natürlich kann man diesen Salat auch das ganze Jahr über genießen!

ZUTATEN

160 g Belugalinsen
500 g Schwarzwurzeln
250 g Rosenkohl
250 g Palmkohl
1 ½ EL Rapsöl
2 Msp. Meersalz
½ TL gemahlener Zimt
frisch gemahlener schwarzer Pfeffer
2 süße Winteräpfel
100 g junger Spinat

ORANGENVINAIGRETTE

Zesten und 2 EL Saft von 1 Bio-
  Orange
2 EL kalt gepresstes Olivenöl
1 EL Apfelessig
Himalayasalz
frisch gemahlener schwarzer Pfeffer

TOPPING

60 g Haselnüsse, gehäutet
  und geröstet
35 g getrocknete Cranberrys

BEILAGE

Rote-Bete-Hummus mit Basilikum
  (siehe Seite 105)

ZUBEREITUNG

1. Den Backofen auf 225 °C (Ober-/ Unterhitze) vorheizen.
2. Für die Vinaigrette alle Zutaten miteinander verrühren.
3. Für den Salat die Belugalinsen nach Packungsangabe kochen (oder vorgekocht verwenden). Anschließend noch warm mit der Hälfte der Vinaigrette mischen.
4. Die Schwarzwurzeln schälen und schräg in mundgerechte Stücke schneiden. Den Rosenkohl putzen und die Röschen halbieren. Die Blätter des Palmkohls waschen und in kleinere Stücke schneiden. Dann mit ½ EL Öl und 1 Msp. Salz durchkneten. Schwarzwurzeln und Rosenkohl auf einem Blech aus-breiten und mit dem übrigen Öl (1 EL), Zimt, 1 Msp. Salz und Pfeffer mischen. Im vorgeheizten Ofen auf der mittleren Schiene 25 Minuten backen, bis die Gemüse Farbe annehmen und weich geworden sind, aber noch Biss haben. Das Blech nach der Hälfte der Backzeit durchrütteln. Palmkohl in den letzten 10 Minuten zufügen.
5. Die Äpfel waschen und mit einer Mandoline dünn hobeln oder mit einem scharfen Messer in dünne Scheiben schneiden. Den Spinat waschen und trocken schütteln. Die Haselnüsse grob hacken.
6. Spinat, Belugalinsen, Schwarz-wurzeln, Rosenkohl, Palmkohl und Äpfel auf flachen Tellern anrichten. Mit der übrigen Vinai-grette beträufeln. Haselnüsse und Cranberrys darüberstreuen. Mit Hummus servieren.

Winter-Bowl mit Safranhirse, Buchweizenbällchen und Preiselbeervinaigrette

GF

4 PORTIONEN

Diese Schüssel steckt voller warmer Aromen, die an Weihnachten erinnern, und tut richtig gut. Safranhirse wird dabei mit süßen Äpfeln, saisonalem Kohl, Granatapfelkernen und sättigenden Buchweizenbällchen kombiniert.

ZUTATEN

120 g Hirse, gekocht
1 Msp. gemahlener Safran
100 g Grünkohl
1 ½ EL Rapsöl
½ TL Meersalz
2 süße Winteräpfel (etwa die
    Sorte Ingrid Marie)
1 große Fenchelknolle
Kerne von 1 Granatapfel

BUCHWEIZENBÄLLCHEN

140 g Buchweizenkörner
½ Bund krause Petersilie
60 g Pekannüsse
2 Schalotten, fein gehackt
1 Msp. gemahlener Zimt
1 Msp. gemahlene Nelken
1 Msp. gemahlener Piment
2 EL helle Tahini (Sesampaste)
2 EL Tamari (würzige glutenfreie
    Sojasauce)
2 EL Rapsöl zum Braten

PREISELBEERVINAIGRETTE

2 EL Preiselbeeren
1 EL kalt gepresstes Olivenöl

2 EL Weißweinessig
1 EL Honig (alternativ Agavensirup
    für eine vegane Version)
Himalayasalz
frisch gemahlener schwarzer
    Pfeffer

TOPPING

krause Petersilie

ZUBEREITUNG

1. Den Backofen auf 200 °C (Ober-/
   Unterhitze) vorheizen.
2. Für den Salat die Hirse auflockern.
3. Für die Bällchen den Buchweizen
   nach Packungsangabe kochen,
   gut abtropfen lassen. Petersilie
   waschen und fein hacken. Die
   Pekannüsse zu einem groben
   Mehl vermahlen. Alle Zutaten für
   die Bällchen bis auf das Öl mit
   1 EL Wasser zu einem Teig verarbeiten. Etwa 20 Bällchen daraus formen und diese bei mittlerer
   Hitze im Öl braten, bis sie eine
   schöne Farbe haben.

4. Den Grünkohl putzen und die
   Blätter in Streifen schneiden.
   Mit ½ EL Öl und dem Salz durchkneten.
5. Die Äpfel waschen, vom Kerngehäuse befreien und in Spalten
   schneiden. Den Fenchel putzen
   und in dünne Streifen schneiden.
   Beides auf einem Backblech mit
   dem übrigen Öl (1 EL) und Salz
   mischen. Im Ofen auf der mittleren Schiene 20 Minuten rösten, bis
   alles weich ist, aber noch Biss hat.
6. Von den Granatapfelkernen einige
   für die Dekoration beiseitelegen.
7. Für die Vinaigrette die Preiselbeeren waschen und mit einer Gabel
   zerdrücken. Mit Öl, Essig sowie
   Honig verrühren, würzen. Für das
   Topping die Petersilie zerzupfen.
8. Hirse, Grünkohl, Äpfel, Fenchel
   und Granatapfelkerne mischen.
   Auf vier Schüsseln verteilen. Mit
   Bällchen, Granatapfelkernen und
   Petersilie garnieren. Mit Preisel-
   beervinaigrette beträufeln.

GEMÜSE-
UND ANDERE
BEILAGEN

Entdecken Sie, wie Gemüse mit passenden
Dressings, Marinaden oder Toppings ganz
einfach noch leckerer wird. In diesem Kapitel
gibt es gesunde und köstliche Beilagen, die
Sie zu den verschiedensten Hauptgerichten
reichen können. Einen cremigen Hummus zum
Salat, zu Wraps oder zum Grillabend. Ein
knuspriges Knäckebrot, das genauso gut zum
Frühstück wie zu einer Suppe oder zum Salat
passt. Darüber hinaus präsentiere ich einige
Gemüsesorten, die in all ihrer Schlichtheit
ganz besondere Delikatessen sind. Suchen Sie
sich drei, vier Beilagen aus und stellen Sie sich
daraus Ihre eigene Mahlzeit zusammen. Oder
kreieren Sie Ihren eigenen Salat aus einigen
dieser Beilagen. Die Rezepte in diesem Kapitel
sind für 4–6 Personen berechnet, je nachdem,
was es sonst noch dazu gibt.

Gebackener Spitzkohl mit gerösteten Pekannüssen und Kräuteröl

4 PORTIONEN

Kohl ist wirklich ein ganz wunderbares Gemüse. So viele verschiedene Sorten, so viele unterschiedliche Zubereitungsarten – man könnte unendlich variieren. Zum Backen oder Rösten im Ofen ist der Spitzkohl mein Favorit. Er wird wunderbar zart, behält aber dennoch Biss. Das Einzige, was Sie dazu benötigen, ist etwas Olivenöl, Salz und Ihre Lieblingskräuter.

ZUTATEN

2 mittelgroße helle Spitzkohlköpfe

1 EL getrockneter Bärlauch (oder nach Belieben andere getrocknete Kräuter und ½ TL Knoblauchpulver)

½ TL Meersalz

½ TL frisch gemahlener schwarzer Pfeffer

3 EL kalt gepresstes Olivenöl

TOPPING

20 g Pekannüsse

½ Portion Kräuteröl (siehe Seite 117)

30 g Parmesan (nach Belieben)

ZUBEREITUNG

1. Den Backofen auf 225 °C (Ober-/Unterhitze) vorheizen. Eventuell die äußeren Blätter des Spitzkohls entfernen, dann den Kohl in Viertel schneiden und die Stücke auf ein mit Backpapier belegtes Blech geben.

2. Mit Bärlauch, Salz und Pfeffer würzen und die Kohlstücke rundherum sorgfältig mit Öl bepinseln.

3. Im vorgeheizten Ofen auf der mittleren Schiene 30 Minuten backen, bis die Ränder leicht braun und kross werden. Den Kohl nach der Hälfte der Zeit einmal wenden.

4. Für das Topping die Pekannüsse in einer heißen Pfanne ohne Fett rösten. Abkühlen lassen.

5. Die Spitzkohlviertel auf eine Platte legen, mit Kräuteröl beträufeln und mit den Pekannüssen garnieren. Nach Belieben noch etwas Parmesan darüberreiben.

TIPP:

Servieren Sie den Kohl als Vorspeise, als Veggie-Beilage zum Hauptgericht oder auf einem Büfett. Man kann den fertig gebackenen Kohl auch in große Stücke schneiden und zu einem Kohlsalat mischen.

Gemischte Bunte Beten mit Himbeervinaigrette und geröstetem Buchweizen

4–6 PORTIONEN

Diese Bunten Beten mache ich gern für ein Büfett oder als Beilage zu den verschiedensten Gerichten. Man kann genauso gut auch Rote Beten nehmen, aber mit Gelben und Bunten Beten kommt so schön Farbe ins Spiel! Der geröstete Buchweizen sorgt für ein knuspriges Topping und die schnell gemachte Himbeervinaigrette verleiht dem Ganzen fruchtige Süße.

ZUTATEN

600 g Gelbe Beten
600 g Bunte Beten (Ringelbeten,
    Rot-Weiße Beten)
1 EL Rapsöl
½ TL Himalayasalz
1 Msp. frisch gemahlener schwarzer
    Pfeffer

HIMBEERVINAIGRETTE

½ TL Fenchelsamen
10 Himbeeren
2 EL Weißweinessig
1 EL mildes, kalt gepresstes Olivenöl
Meersalzflocken

TOPPING

35 g Buchweizenkörner
Kresse zum Garnieren
    (nach Belieben)

ZUBEREITUNG

1. Den Backofen auf 200 °C (Ober-/ Unterhitze) vorheizen. Die Beten schälen und in Spalten schneiden. In einer ofenfesten Form mit Öl, Salz und Pfeffer mischen. Im vorgeheizten Ofen auf der mittleren Schiene 30 Minuten rösten, bis sie außen weich sind, innen aber noch Biss haben. Nach der Hälfte der Zeit die Beten einmal wenden.

2. Für das Topping den Buchweizen in einem feinmaschigen Sieb mit kochendem Wasser übergießen und abtropfen lassen. Dann in einer heißen Pfanne ohne Fett rösten, bis der Buchweizen anfängt zu knacken und knusprig wird. Abkühlen lassen.

3. Den Fenchel im Mörser ganz leicht zerstoßen. Die Himbeeren waschen, etwas trocken tupfen und pürieren. Die Himbeeren mit Essig, Öl und Fenchel mischen, mit Salz abschmecken.

4. Die Beten mit der Vinaigrette anmachen. Auf einer Platte anrichten, mit Buchweizen bestreuen und nach Belieben mit Kresse garnieren.

Möhren in Zitronendressing

GF

NF

Besonders schön sieht diese Beilage aus, wenn man dazu zarte Bundmöhren in verschiedenen Farben nimmt. Kurz blanchiert und in einem süßsauren Dressing geschwenkt – mehr braucht es nicht für diese köstliche Beilage!

ZUTATEN

500 g Bundmöhren in
    verschiedenen Farben

SÜSSSAURES ZITRONENDRESSING

3 EL kalt gepresstes Rapsöl
Zesten und 1 EL Saft von 1 Bio-Zitrone
1 TL Honig (alternativ Agavensirup
    für eine vegane Version)
½ TL Chiliflocken
Himalayasalz
frisch gemahlener schwarzer Pfeffer

TOPPING

30 g Sonnenblumenkerne
1 Bund Schnittlauch
Zitronenzesten zum Garnieren

ZUBEREITUNG

1. Die Möhren putzen und schräg in mundgerechte Stücke schneiden.
2. Die Möhren 7 Minuten blanchieren. Dann sofort in eine Schüssel mit kaltem Wasser legen, um das Garen zu unterbrechen.
3. Alle Zutaten für das Zitronendressing miteinander verrühren. Mit Salz und Pfeffer abschmecken.
4. Für das Topping die Sonnenblumenkerne in einer heißen Pfanne ohne Fett rösten, bis die Kerne goldbraun werden. Den Schnittlauch waschen, trocken schütteln und in Röllchen schneiden.
5. Die Möhren im Dressing wenden und etwa 30 Minuten darin marinieren. Zum Servieren mit Schnittlauch und Sonnenblumenkernen garnieren. Zum Schluss noch einige Zitronenzesten über den Salat streuen.

Gegrillter Spargelbrokkoli mit Bärlauchmayonnaise

4–6 PORTIONEN

VG

GF

NF

Spargelbrokkoli, auch Brokkolini genannt, ist eine Brokkolisorte mit langen Stielen, die an Spargel erinnern. Kurz gegrillt, mit etwas gutem Meersalz bestreut, schmeckt er mit selbst gemachter Mayonnaise köstlich und sieht auch noch gut aus! Hier serviere ich eine schön grüne und durchaus edle Bärlauchmayonnaise dazu. Bärlauch ist ein grünes Zwiebelgewächs, dessen Blätter im April/Mai in gut sortierten Gemüseabteilungen, beim Gemüsehändler und auf Wochenmärkten erhältlich sind. Bekommt man keine frischen Bärlauchblätter, kann man sie durch Schnittlauch und eine halbe Knoblauchzehe ersetzen.

ZUTATEN

600 g Spargelbrokkoli
1 EL Rapsöl
½ TL Meersalz
1 Msp. frisch gemahlener
 schwarzer Pfeffer

BÄRLAUCHMAYONNAISE

50 g Bärlauch
150 g vegane Mayonnaise (siehe
 Seite 121 oder ein Fertigprodukt)
Himalayasalz
frisch gemahlener schwarzer Pfeffer

TOPPING

1 EL schwarze Sesamsamen
Kresse zum Garnieren
 (nach Belieben)

ZUBEREITUNG

1. Die Stielenden des Spargelbrokkolis abschneiden. Das Gemüse putzen und mit Öl bestreichen. Grillen, bis es eine schöne Farbe hat und die Ränder knusprig werden. Salzen und pfeffern.

2. Für die Mayonnaise den Bärlauch waschen, trocken schütteln und grob hacken. Mit der Mayonnaise glatt pürieren, mit Salz und Pfeffer abschmecken.

3. Den Spargelbrokkoli auf einer Platte anrichten, kleine Tupfer Mayonnaise rundherum spritzen oder mit einem Löffel auftupfen. Mit Sesam bestreuen und nach Belieben mit Kresse garnieren.

TIPP:

Man kann den Spargelbrokkoli nicht nur auf dem Grill, sondern auch in einer Grillpfanne auf dem Herd bei mittlerer bis starker Hitze zubereiten.

Gegrillte Nektarinen mit Cashew-Ricotta und gerösteten Pinienkernen

4–6 PORTIONEN

Mit nur wenigen, aber sorgfältig ausgewählten Zutaten entsteht eine köstliche Beilage, die vom italienischen Caprese inspiriert wurde. Doch hier verwenden wir Nektarinen statt Tomaten und einen Cashew-Ricotta statt Mozzarella. Im Sommer, wenn die Nektarinen richtig reif und saftig sind, liebe ich dieses kleine Gericht. Manchmal mache ich es als Vorspeise, als Teil eines Hauptgerichts oder einfach als Dessert!

ZUTATEN

4 reife, aber noch feste Nektarinen
1 EL Rapsöl
½ TL Meersalz

CASHEW-RICOTTA

90 g Cashewkerne, 30 Minuten
  gewässert
1 EL Zitronensaft
1 EL Hefeflocken (nach Belieben,
  siehe Seite 127)
Himalayasalz
½ Bund Basilikum
½ Bund Minze

TOPPING

2 EL Pinienkerne
Kresse zum Garnieren
  (nach Belieben)

ZUBEREITUNG

1. Für den Ricotta das Einweichwasser der Cashewkerne abgießen (auffangen) und die Kerne noch einmal abspülen. Die Kerne mit Zitronensaft, 3 EL Cashew-Wasser und Hefeflocken in einem Mixer glatt pürieren, das kann 5–10 Minuten dauern. Dabei zwischendurch ausschalten, die Paste von den Rändern abkratzen und dann weitermixen. Mit Salz abschmecken. Basilikum und Minze waschen, trocken schütteln und etwas zerzupfen, etwas davon zum Garnieren beiseitelegen. Zur Paste geben und nochmals mixen.

2. Für das Topping die Pinienkerne in einer heißen Pfanne ohne Fett rösten, bis sie goldbraun werden.

3. Für den Salat die Nektarinen waschen, abtupfen und halbie-

ren oder vierteln. Von den Steinen befreien, mit Öl bestreichen und leicht salzen. Die halben oder geviertelten Früchte grillen oder in einer Grillpfanne bei schwacher bis mittlerer Hitze braten, bis sie weich werden und dunkle Grillstreifen bekommen. Dann die Nektarinen in Spalten schneiden.

4. Den Cashew-Ricotta auf einer großen Platte anrichten. Wer mag, kann die Creme mit einem Löffel in schönen Mustern auftragen. Die Nektarinen darauflegen. Mit Pinienkernen, Basilikum, Minze und nach Belieben Kresse garnieren.

TIPP:

Man kann auch normalen Ricotta verwenden, auch hier mischt man die Kräuter unter den Ricotta. Ricotta ist allerdings nicht vegan.

Grüner Bohnendip mit Minze ERGIBT ETWA 500 G

VG

GF

NF

Ein cremig-frischer und würziger Dip, der zu vielem goldrichtig ist.
Außerdem liefert er eine gute Portion Proteine in einem Salat oder
als Füllung in einem sättigenden Wrap. Ich bereite oft eine große
Portion zu und hebe den Dip in einem Schraubglas im Kühlschrank
auf. Er hält sich bis zu vier Tagen.

ZUTATEN

1 Dose Cannellinibohnen
(etwa 240 g)
1 Bund Minze
250 g grüne Erbsen (TK, aufgetaut)
1 Msp. Knoblauchpulver
2 EL helle Tahini (Sesampaste)
1 EL Zitronensaft
1 EL kalt gepresstes Olivenöl
Himalayasalz
frisch gemahlener schwarzer Pfeffer

ZUBEREITUNG

1. Die Cannellinibohnen abgießen
   und abspülen. Die Minze waschen
   und trocken schütteln, etwas zerzupfen.
2. Erbsen, Bohnen, Minze, Knoblauch, Tahini, Zitronensaft und
   Öl im Mixer zu einem glatten
   Dip pürieren. Nach und nach
   50 ml Wasser hinzugießen, bis die
   gewünschte Konsistenz erreicht ist.
   Mit Salz und Pfeffer abschmecken.

Hafer-Walnuss-Knäckebrot

ERGIBT ZWEI KLEINE PLATTEN

VG

GF

Ein richtig gut sättigendes Knäckebrot.
Achten Sie darauf, glutenfreie Haferflocken
zu verwenden, wenn das Brot auch wirklich
glutenfrei sein soll.

ZUTATEN

60 g glutenfreie Haferflocken
40 g Walnusskerne
30 g Sonnenblumenkerne
30 g Sesamsamen
1 ½ EL Chiasamen
1 ½ EL Flohsamenschalen
½ TL Himalayasalz, plus Salz
    zum Bestreuen
1 EL Rapsöl
2 Msp. Meersalzflocken
    zum Bestreuen

ZUBEREITUNG

1. Den Backofen auf 175 °C (Ober-/
   Unterhitze) vorheizen.
2. Die Haferflocken in der Küchenmaschine zu einem feinen Mehl
   vermahlen. Die Walnusskerne hinzufügen und alles zu einem feinen
   Streuselteig vermahlen.
3. Alle trockenen Zutaten bis auf
   das Salz zum Bestreuen mischen.
4. In einem Topf 200 ml Wasser
   aufkochen und mit dem Öl mit
   den trockenen Zutaten mischen.
5. Den Teig in zwei Portionen teilen
   und zu Kugeln kneten. Jeweils eine

Teigkugel zwischen zwei Blättern
Backpapier zu einer dünnen Platte
ausrollen. Mit Himalayasalz und
Meersalz bestreuen, das obere
Blatt Backpapier wieder auflegen und nochmals darüberrollen,
damit die Salzkörner fest im Teig
sitzen. Mit dem Backpapier auf
ein Blech legen und mindestens
30 Minuten quellen lassen.

6. Das Knäckebrot im vorgeheizten
   Ofen auf der mittleren Schiene
   20 Minuten backen. Herausnehmen, wenden und weitere
   10 Minuten backen, bis es knusprig und trocken ist. Auf einem
   Gitterrost abkühlen lassen und
   dann in kleinere Stücke brechen.
   Das Knäckebrot in einer Dose
   mit dicht schließendem Deckel
   aufbewahren. Es hält sich darin
   ein paar Wochen.

TIPP:

*Geben Sie zum Teig 1 TL Za'atar
(Rezept siehe Seite 51) oder ½ TL
zerstoßene Fenchelsamen hinzu,
damit das Brot noch würziger wird.*

Knuspriges Mais-Körner-Knäckebrot

 VG

 GF

NF

ERGIBT ZWEI KLEINE PLATTEN

Ein knuspriges Knäckebrot, das voller würziger Aromen und gesunder Fette steckt. Ich nehme für dieses Rezept fein gemahlenes Maismehl, dann wird es am allerbesten! Man kann es mit einem cremigen Aufstrich, zum Beispiel aus Avocado, genießen, als Beilage zum Salat oder einfach als Snack zum Knabbern.

ZUTATEN

100 g feines Maismehl
60 g Sonnenblumenkerne
30 g Sesamsamen
35 g Leinsamen
30 g Kürbiskerne
½ TL Meersalzflocken, plus etwas
   mehr zum Bestreuen
50 ml Rapsöl

ZUBEREITUNG

1. Den Backofen auf 175 °C (Ober-/ Unterhitze) vorheizen. Alle trockenen Zutaten bis auf das Salz in einer Schüssel mischen.
2. In einem Topf 200 ml Wasser mit Salz und Öl aufkochen.
3. Die warme Flüssigkeit über die Körner-Mehl-Mischung gießen und gut umrühren.
4. Den Teig in zwei Portionen teilen. Jeweils eine Portion zwischen zwei Blättern Backpapier zu einer dünnen Platte ausrollen. Mit Meersalz bestreuen, das obere Blatt Backpapier wieder auflegen und nochmals darüberrollen, damit die Salzkörner fest im Teig sitzen. Mit dem Backpapier auf ein Blech legen.
5. Im vorgeheizten Ofen auf der mittleren Schiene etwa 40 Minuten backen, bis das Knäckebrot knusprig und trocken ist. Auf einem Gitterrost abkühlen lassen und dann in kleinere Stücke brechen. Das Knäckebrot in einer Dose mit dicht schließendem Deckel aufbewahren. Es hält sich darin ein paar Wochen.

TIPP:

Sie können das Brot auch mit Meersalz bestreuen, je nachdem, wozu Sie es essen wollen.

Hummus auf dreierlei Art

In der arabischen Küche ist Hummus, ein Dip aus Kichererbsen, der Sesampaste Tahini und anderen Zutaten, ein echter Klassiker. Man kann ihn vielfältig abwandeln, indem man Gemüse, Wurzelgemüse oder Kräuter hinzufügt und ihn zum jeweiligen Gericht entsprechend würzt oder vielleicht ein spannendes Topping daraufgibt. Ich habe einige Favoriten, die ich als Beilage zu allen möglichen Speisen, als Aufstrich oder als Wrap-Füllung verwende. Außerdem ist Hummus immer ein willkommener Proteinzuschuss zu meinen Sattmacher-Salaten! Ich verwende meistens helle Tahini aus geschältem Sesam zu meinem Hummus, weil ich den feinen, leichten Geschmack daran mag. Hier kommen meine drei Hummus-Favoriten:

Süßkartoffelhummus mit geröstetem Knoblauch

 VG

GF

ERGIBT ETWA 500 G

NF

Die Süßkartoffel macht diesen Dip richtig cremig. Wenn man die ganze Knoblauchknolle röstet, wird sie innen fast karamellisiert und erhält ein herrlich leichtes, aber trotzdem intensives Knoblaucharoma. Streuen Sie zum Schluss noch ein paar Chiliflocken darüber, das peppt den Hummus schön auf.

ZUTATEN

1 kleine Süßkartoffel
1 EL kalt gepresstes Olivenöl,
    plus Öl zum Bestreichen
1 ganze Knoblauchknolle
1 Dose Kichererbsen (etwa 240 g)
1 TL getrockneter Estragon
2 EL helle Tahini (Sesampaste)
Himalayasalz
frisch gemahlener schwarzer Pfeffer

TOPPING

1 EL kalt gepresstes Olivenöl
1 EL ungeschälte Sesamsamen
½ TL Chiliflocken

ZUBEREITUNG

1. Den Backofen auf 200 °C (Ober-/Unterhitze) vorheizen. Die Süßkartoffel unter fließendem Wasser gut abbürsten und halbieren. In eine ofenfeste Form legen und die Schnittflächen mit Öl bestreichen. Die äußeren Schalen vom Knoblauch entfernen. Die ganze Knolle ebenfalls einölen und neben die Kartoffel in die Form legen. Im vorgeheizten Ofen auf der mittleren Schiene 30 Minuten rösten, bis Süßkartoffel und Knoblauch ganz weich sind. Abkühlen lassen.

2. Die Süßkartoffel auskratzen und den Knoblauch ausdrücken.

3. Die Kichererbsen abgießen und abspülen. Mit Süßkartoffel, Knoblauch, Estragon, Tahini und Öl im Mixer glatt pürieren. Nach und nach 50 ml Wasser hinzugießen, bis der Hummus die gewünschte Konsistenz hat. Würzen.

4. Den Hummus mit Öl beträufelt sowie mit Sesam und Chiliflocken bestreut servieren.

Kräuterhummus

ERGIBT ETWA 400 G

Ein frischer Hummus, den man mit verschiedenen Kräutern variieren kann.
Nehmen Sie einfach das, was Sie gerade
zur Hand haben oder was Sie am liebsten
mögen!

ZUTATEN

1 Dose Kichererbsen (etwa 240 g)
2 EL helle Tahini (Sesampaste)
1 EL kalt gepresstes Olivenöl
Zesten und 1 EL Saft von 1 Bio-Zitrone
2 Handvoll gemischte Kräuter
     (z. B. Basilikum, Petersilie und
     Koriander)
Himalayasalz
frisch gemahlener schwarzer Pfeffer

TOPPING

1 EL kalt gepresstes Olivenöl
1–2 EL geröstete Kichererbsen
     (siehe Tipp)
1 EL ungeschälte Sesamsamen
gemischte Kräuter zum Garnieren

ZUBEREITUNG

1. Die Kichererbsen abgießen und
    abspülen.
2. Mit Tahini, Öl, Zitronenzesten
    und -saft im Mixer glatt pürieren.

Nach und nach 50 ml Wasser hinzugießen, bis der Hummus die
gewünschte Konsistenz hat.
3. Die Kräuter waschen und trocken
    schütteln, etwas zerzupfen. Zum
    Hummus hinzufügen und noch
    mehrmals durchmixen, bis der Dip
    richtig schön grün wird. Mit Salz
    und Pfeffer abschmecken.
4. Den Hummus in eine Schale fül-
    len. Als Topping mit Öl beträufeln
    und mit Kichererbsen und Sesam
    bestreuen. Mit den frischen Kräu-
    tern garnieren.

TIPP:

*Legen Sie ein paar Kichererbsen
zum Garnieren beiseite. Besonders
gut schmecken sie, wenn man sie
in etwas Öl anbrät.*

Rote-Bete-Hummus mit Basilikum

ERGIBT ETWA 500 G   GF   NF

Ein farbenfroher Dip in Rosarot mit herrlich würzigem Basilikumaroma. Verwerten Sie dazu übrig gebliebene Rote Bete vom Vortag oder nehmen Sie vorgegarte, die es vakuumverpackt in der Gemüseabteilung gibt.

ZUTATEN

1 Dose Kichererbsen (etwa 240 g)
2 mittelgroße geschälte, vorgegarte Rote Beten
1 Bund Basilikum
1 Msp. Knoblauchpulver
2 EL helle Tahini
1 EL kalt gepresstes Olivenöl
Himalayasalz
frisch gemahlener schwarzer Pfeffer

TOPPING

1 EL kalt gepresstes Olivenöl
50 g Feta (nach Belieben)
1 EL ungeschälte Sesamsamen

ZUBEREITUNG

1. Die Kichererbsen abgießen und abspülen.

2. Die Roten Beten in Spalten schneiden. Das Basilikum waschen, trocken schütteln und etwas zerzupfen.

3. Kichererbsen, Rote Beten, Knoblauch, Tahini, Basilikum und Öl im Mixer glatt pürieren. Nach und nach 50 ml Wasser hinzugießen, bis der Hummus die gewünschte Konsistenz hat. Mit Salz und Pfeffer abschmecken.

4. Den Hummus in einer Schale anrichten. Als Topping mit Öl beträufeln, nach Belieben zerbröselten Feta und Sesam darüberstreuen.

Gerösteter Paprika-Tomaten-Dip mit Haselnüssen

VG

GF

ERGIBT ETWA 300 G

Ein Dip aus gerösteter Paprika und sonnengereiften Tomaten kann nichts anderes als eine Geschmacksexplosion werden! Die Paprika ist schnell und einfach selbst geröstet, man kann sie aber auch fertig geröstet im Glas kaufen. Ersetzen Sie die Haselnüsse einmal durch Walnusskerne oder Mandeln – oder durch Sonnenblumenkerne, wenn der Dip ohne Nüsse sein soll.

ZUTATEN

50 g sonnengetrocknete Tomaten

3 rote oder orangefarbene Paprika-
    schoten

1 EL kalt gepresstes Rapsöl

½ Bund krause Petersilie

30 g Haselnüsse, gehäutet
    und geröstet

1 EL Limettensaft

Himalayasalz

frisch gemahlener schwarzer
    Pfeffer

ZUBEREITUNG

1. Den Backofen auf 225 °C (Ober-/ Unterhitze) vorheizen.

2. Die getrockneten Tomaten in warmem Wasser einweichen. Die Paprika waschen, halbieren und von Stielansätzen sowie Samen befreien. Die Hälften rundherum mit Öl bestreichen und mit der Schnittfläche nach unten auf ein mit Backpapier belegtes Blech geben. Die Paprika im vorgeheizten Ofen auf der obersten Schiene 20 Minuten rösten, bis die Schale schwarz wird. Etwas abkühlen lassen, dann die Paprika in einen Plastikbeutel legen und diesen fest verschließen. Darin vollständig abkühlen lassen und dann vorsichtig häuten.

3. Das Wasser von den Tomaten abgießen. Die Petersilie waschen, trocken schütteln und grob hacken. Paprika, Tomaten, Haselnüsse, Petersilie und Limettensaft mit dem Mixer zu einem Dip pürieren, in dem noch kleine Stücke sein sollen. Mit Salz und Pfeffer abschmecken.

Marinierte Gartentomaten mit Fetacreme und Basilikum

4–6 PORTIONEN

GF

NF

Dieser Tomatensalat hat etwas von einem griechischen Bauern-
salat, wird aber mit sonnengereiften Tomaten zubereitet. Der Salat
schmeckt am besten, wenn die einheimischen Tomaten Saison
haben. Je mehr verschiedene Größen und Farben Sie mischen,
umso schöner sieht der Salat aus!

ZUTATEN

500 g gemischte Tomaten
(z. B. Cocktailtomaten, Eier-
und Strauchtomaten in
verschiedenen Farben)

TOMATENMARINADE

1 Schalotte
Meersalz
½ Bund Basilikum
3 EL kalt gepresstes Olivenöl
3 EL Rotweinessig
1 Msp. frisch gemahlener schwarzer
Pfeffer

TOPPING

100 g Feta
1 TL Honig
2 EL Tomatenmarinade (siehe oben)
2 EL Basilikumblätter
½ TL Meersalz

ZUBEREITUNG

1. Die Tomaten waschen und etwas
   trocken tupfen. Die kleineren
   Tomaten halbieren, die größeren
   in Scheiben schneiden. Alle in
   eine flache Schale legen.

2. Für die Marinade die Schalotte
   schälen und fein hacken; dann
   10 Minuten in leicht gesalzenes
   Wasser legen. Das Wasser abgießen und die Schalotte mit kaltem
   Wasser abspülen – so erhält sie
   einen milderen Geschmack.
   Das Basilikum waschen, trocken
   schütteln und grob hacken. Alle
   Zutaten für die Marinade verrühren und 2 EL davon beiseitestellen.
   Die Marinade über die Tomaten
   gießen und alles mischen. Bei
   Raumtemperatur mindestens
   15 Minuten ziehen lassen.

3. Für das Topping Feta, Honig
   und die übrige Marinade (2 El)
   mit dem Mixer zu einer glatten
   Creme pürieren. Diese in Tupfen
   auf den Tomatensalat setzen. Mit
   Basilikumblättern und Meersalz
   bestreuen.

Roh gehobelter Spargel-Fenchel-Slaw mit Petersilienmayonnaise

ERGIBT ETWA 500 G

Klassischen Coleslaw bereitet man aus Weißkohl, Möhren und Mayonnaise zu. Ich nehme stattdessen Spargel und Fenchel, die mit einer veganen Petersilienmayonnaise und Zitrone gemischt werden.

ZUTATEN

250 g grüner Spargel
1 kleine Fenchelknolle
½ Bund krause Petersilie
Zesten und ½ EL Saft von 1 Bio-
    Zitrone

PETERSILIENMAYONNAISE

½ Bund krause Petersilie
100 g vegane Mayonnaise (siehe
    Seite 121 oder ein veganes Fertig-
    produkt)
Himalayasalz
frisch gemahlener schwarzer Pfeffer

TOPPING

Zitronenzesten zum Bestreuen
krause Petersilie zum Garnieren

ZUBEREITUNG

1. Die Enden des Spargels abschneiden. Die Spitzen ebenfalls
abschneiden und beiseitelegen.
Den Spargel dünn schälen. In
einem Topf Wasser aufkochen,
den Topf von der Kochplatte nehmen und den Spargel ins Wasser
geben. Den Deckel auflegen und
3 Minuten ziehen lassen.

2. Den Spargel mit einer Schaumkelle herausnehmen und mit
kaltem Wasser abschrecken,
nach Belieben halbieren.

3. Den Fenchel putzen und mit der
Mandoline fein hobeln oder mit
einem scharfen Messer in sehr
dünne Scheiben schneiden. Die
Petersilie waschen, trocken schüt-
teln und fein hacken. Spargel,
Fenchel und Petersilie in einer
Schüssel mischen.

4. Für die Mayonnaise die Petersilie
waschen und trocken schütteln.
Mit der Mayonnaise verrühren, mit
Salz und Pfeffer abschmecken.

5. Mayonnaise, Zitronensaft und
-zesten unter das Gemüse heben
und gut mischen. Die Spargelspit-
zen auflegen. Vor dem Servieren
am besten 15 Minuten kühl stellen.
Mit Zitronenzesten und Petersilie
garnieren.

DRESSINGS UND PESTO

Dies ist vielleicht eines der wichtigsten Kapitel des Buches. Ich habe es gefüllt mit cremigen Dressings auf Nussbasis, mit Dressings aus frischen Früchten, mit Kräuteröl und gehaltvollen Pestos. Denn oft macht gerade das Dressing das gewisse Extra bei einem Gericht aus. Mit den Rezepten dieses Kapitels können die Salate jederzeit leicht variiert werden. Tauschen Sie das angegebene Dressing eines Rezepts gegen ein anderes aus, das Ihnen spannend erscheint, um Ihre Lieblingskombination herauszufinden. Übrig gebliebene Dressing-, Öl- oder Pesto-Reste lassen sich auch gut in einem Schraubglas mit dicht schließendem Deckel ein paar Tage im Kühlschrank aufbewahren. Machen Sie einfach eine größere Menge auf einmal – dann sparen Sie die nächsten Tage Zeit!

Erdnussdressing

Säuerliches Cashew-Dressing

Tahini-Dressing

Scharfes Mandeldressing

Erdnussdressing

ERGIBT ETWA 100 G

Ein wunderbar cremiges Dressing, das besonders gut zu asiatischen Gerichten passt. Dosieren Sie die Wassermenge je nachdem, wie Sie das Dressing verwenden wollen: Etwas dickflüssiger passt es perfekt als Dip zu Rohkost oder frischen Frühlingsrollen. Etwas flüssiger lässt es sich gut über einen Salat träufeln und noch etwas flüssiger schmeckt es als Dressing zu Kelpnudeln oder roh gehobelten Möhren.

ZUTATEN

50 g Erdnussbutter
1 EL Reisweinessig
1 EL Tamari (würzige glutenfreie Sojasauce)
1 Msp. Knoblauchpulver
Himalayasalz

ZUBEREITUNG

Erdnussbutter, Essig, Tamari und Knoblauchpulver mit 1–2 EL Wasser pürieren. Etwa 1 EL Wasser nach und nach bis zur gewünschten Konsistenz hinzufügen. Mit Salz abschmecken.

Säuerliches Cashew-Dressing

ERGIBT ETWA 150 G

Ein supereinfaches Dressing, das im Nu gemixt ist. Die Cashewkerne haben einen herrlichen Eigengeschmack, sodass man nur noch etwas Zitronensaft zusätzlich braucht. Verwenden Sie das Dressing für Salate, die besonders cremig werden sollen.

ZUTATEN

60 g Cashewkerne oder 3 EL Cashewbutter
Zesten und 1 EL Saft von 1 Bio-Zitrone
Himalayasalz
frisch gemahlener schwarzer Pfeffer

ZUBEREITUNG

1. Die Cashewkerne etwa 30 Minuten wässern.
2. Das Wasser abgießen und die Kerne abspülen. Dann alle Zutaten sowie 75 ml Wasser in einem Mixer pürieren, bis das Dressing ganz glatt ist, das kann mindestens 5 Minuten dauern. Dabei bei Bedarf zwischendurch die Paste von den Rändern abkratzen und dann weitermixen. Mit Salz und Pfeffer abschmecken und eventuell noch etwas Wasser unterrühren, wenn das Dressing flüssiger werden soll.

Tahini-Dressing

ERGIBT ETWA 100 G

Eines meiner absoluten Lieblingsdressings, weil es kinderleicht zuzubereiten ist, schön cremig wird und zu vielem passt. Probieren Sie es zu frisch geröstetem Wurzelgemüse oder mischen Sie es unter einen Nudelsalat. Je nachdem, zu was es verwendet wird, verdünnt man es noch mit etwas Wasser: mit etwas mehr Wasser, wenn man es direkt mit einem Salat mischt, und etwas weniger, wenn man den Salat damit beträufelt.

———

ZUTATEN

50 g helle Tahini (Sesampaste)
½ TL geriebener Ingwer
Zesten und 1 EL Saft von 1 Bio-Limette
Himalayasalz
frisch gemahlener schwarzer Pfeffer

———

ZUBEREITUNG

Alle Zutaten zunächst nur mit 1–2 EL Wasser mit dem Mixer pürieren. Mit Salz und Pfeffer abschmecken. Soll das Dressing dünnflüssiger werden, weitere 1–2 EL Wasser hinzufügen.

Scharfes Mandeldressing

ERGIBT ETWA 150 G

Nuss- oder Mandelbutter ist eine fantastische Grundlage für cremige Dressings. Aus gerösteten Mandeln, einer Prise Salz und einem Schuss geschmacksneutralem Öl kann man sie selbst herstellen oder aber als Fertigprodukt kaufen. Das Dressing passt gut zu warmen und kalten Salaten; besonders gut schmeckt es zu Gemüse- und Bohnenbällchen oder zu überbackenem Tofu.

———

ZUTATEN

1 Dattel
50 g Mandelbutter
2 Msp. Chiliflocken
1 EL Limettensaft
1 EL Tamari (würzige glutenfreie Sojasauce)
Himalayasalz
frisch gemahlener schwarzer Pfeffer

———

ZUBEREITUNG

Die Dattel vom Kern befreien. Alle Zutaten mit 2–3 EL Wasser (für flüssigeres Dressing mehr) glatt pürieren. Mit Salz und Pfeffer abschmecken.

Kräuteröl ERGIBT ETWA 150 ML

Ein einfaches Basisöl, das schnell gemixt ist und viele Gerichte veredelt. Es eignet sich genauso gut zum Würzen von gerösteten Süßkartoffeln wie zum Beträufeln eines Salates. Gerösteter Kohl wird extrem gut, wenn man ihn mit dem Öl bepinselt, bevor er in den Backofen wandert. Variieren Sie das Öl mit Ihren frischen Lieblingskräutern und verwenden Sie dabei auch gern Kräuter, die schon etwas welken, statt sie wegzuwerfen.

ZUTATEN
2 Handvoll frische Kräuter (z. B. Minze, Petersilie und Basilikum)
½ Knoblauchzehe
100 ml kalt gepresstes, hochwertiges Olivenöl
1 EL Limettensaft
Himalayasalz
frisch gemahlener schwarzer Pfeffer

ZUBEREITUNG
Die Kräuter waschen und trocken schütteln, den Knoblauch schälen. Alle Zutaten zu einem glatten Öl mixen. Mit Salz und Pfeffer abschmecken.

Nektarinen-Limetten-Dressing
ERGIBT ETWA 150 G

Ein gutes Dressing schafft eine schöne Balance zwischen Süße, Säure und Salz. In diesem Dressing kommt die natürliche Süße von den sonnengereiften Nektarinen und die Säure von der frischen Limette. Ein Dressing für einen Sommersalat, Bohnenpasta oder als Marinade für frische Tomaten.

ZUTATEN
½ Bund Minze
2 mittelgroße gut gereifte Nektarinen
Zesten und 2 EL Saft von 1 Bio-Limette
2 EL kalt gepresstes Rapsöl
1 Msp. Chiliflocken
Himalayasalz
frisch gemahlener schwarzer Pfeffer

ZUBEREITUNG
Die Minze waschen, trocken schütteln und die Blätter abzupfen. Alle Zutaten bis auf die Minze im Mixer glatt pürieren. Die Minze hinzufügen und einige Male kurz durchmixen. Abschmecken.

Süßscharfes Soja-dressing ERGIBT ETWA 150 G

Ein Dressing, das besonders gut
zu Reis- und Nudelsalaten passt,
die den Sojageschmack angenehm aufnehmen. Wählen Sie
die Menge von Chilischoten und
Ahornsirup je nach gewünschter
Schärfe und Süße.

ZUTATEN

½–1 rote Chilischote
½ Knoblauchzehe
1 kleines Stück Ingwer (1 cm)
100 ml Tamari (würzige glutenfreie Sojasauce)
1 EL Sesamöl
1 EL Reisweinessig
1 TL Ahornsirup

ZUBEREITUNG

Die Chili waschen, von Stielansatz sowie Samen
befreien und fein hacken. Knoblauch sowie Ingwer
schälen und ebenfalls fein hacken. Mit den übrigen
Zutaten zu einem Dressing vermischen.

TIPP:

*Probieren Sie 1 EL geröstete Sesamsamen dazu,
um etwas Crunch im Dressing zu erhalten.*

Erdbeerdressing

ERGIBT ETWA 150 G

Ein schönes rosarotes Dressing,
das den Salat fruchtig-süß macht.
Es eignet sich besonders für leichte,
sommerliche Salate mit jungem
Gemüse.

ZUTATEN

100 g Erdbeeren
1 ½ EL kalt gepresstes Olivenöl
1 ½ EL roter Balsamicoessig
1 TL Dijonsenf
¼ TL rosa Pfefferkörner
Himalayasalz

ZUBEREITUNG

Die Erdbeeren putzen. Alle Zutaten mit dem Mixer
zu einem glatten Dressing pürieren.

TIPP:

*Backen Sie einmal frische Erdbeeren: Den Back-
ofen auf 225 °C (Ober-/Unterhitze) vorheizen. Die
Erdbeeren putzen und in eine Auflaufform füllen.
Im vorgeheizten Ofen auf der mittleren Schiene
15 Minuten backen. Abkühlen lassen und die Früchte mit ihrem Saft und den übrigen Zutaten zu einer
Edelvariante pürieren. Mit Salz abschmecken.*

Nektarinen-Limetten-Dressing

Kräuteröl

Erdbeerdressing

Süßscharfes Sojadressing

Basilikum-Pecorino-Creme

Basilikum-Pecorino-Creme

ERGIBT ETWA 150 G

Eine weiche Creme mit kräftigem Geschmack, die über Salate geträufelt werden sowie mit frisch gekochter Bohnenpasta oder Bratkartoffeln gemischt werden kann. Verwenden Sie gut gelagerten Pecorino, einen italienischen Schafskäse, der angenehm salzig schmeckt. Alternativ eignet sich auch Parmesan.

ZUTATEN

2 EL Pinienkerne

30 g Pecorino oder Parmesan, gerieben

1 Bund Basilikum

Zesten und 1 EL Saft von 1 Bio-Zitrone

50 ml kalt gepresstes Olivenöl

Himalayasalz

frisch gemahlener schwarzer Pfeffer

ZUBEREITUNG

1. Die Pinienkerne in einer trockenen Pfanne ohne Fett rösten, bis sie leicht Farbe annehmen. Den Käse reiben. Das Basilikum waschen, trocken schütteln und grob hacken.
2. Alle Zutaten zu einer Creme mixen, mit wenig Salz und Pfeffer abschmecken.

Avocado-Kräuter-Dressing

ERGIBT ETWA 150 G

Ein Raw-Superdressing, das viel Geschmack und Nährstoffe bereithält. Es wird unglaublich cremig und passt besonders gut zu kalten Salaten. Verwenden Sie Kräuter, die Sie finden können oder die Sie schon zu Hause haben. Legen Sie ein paar davon beiseite und garnieren Sie den Salat damit! Dieses Dressing schmeckt am besten frisch zubereitet.

ZUTATEN

1 große reife Avocado

½ Knoblauchzehe

1 Handvoll gemischte frische Kräuter
  (z. B. Basilikum, Koriander und Petersilie)

Zesten und 1 EL Saft von 1 Bio-Limette

1 EL kalt gepresstes Olivenöl

Himalayasalz

frisch gemahlener schwarzer Pfeffer

ZUBEREITUNG

Die Avocado halbieren und vom Kern befreien, das Fruchtfleisch herauskratzen. Den Knoblauch schälen, die Kräuter waschen, trocken schütteln und grob hacken. Alle Zutaten zu einem Dressing mixen. 3–4 EL Wasser nach und nach hinzufügen und abschmecken.

Grünkohlpesto mit gerösteten Mandeln

ERGIBT ETWA 400 G

Ein Superpesto mit würzigem Grünkohlaroma. Verwenden Sie hochwertiges, kalt gepresstes Olivenöl. Wird das Pesto Grundlage eines Dressings, dann geben Sie etwas Öl zusätzlich und Essig für die Säure dazu.

ZUTATEN

60 g Mandeln
100 g Grünkohl
½ Bund Basilikum, zerzupft
150 ml kalt gepresstes, hochwertiges Olivenöl
1 TL Apfelessig
1 EL Hefeflocken
Himalayasalz
frisch gemahlener schwarzer Pfeffer

ZUBEREITUNG

1. Die Mandeln in einer heißen Pfanne ohne Fett rösten, bis sie goldbraun werden.
2. Die Stiele der Grünkohlblätter abschneiden, die dicke Mittelrippe herausschneiden. Die Blätter waschen, trocken schütteln und in kleinere Stücke zupfen.
3. Mit dem Mixer alle Zutaten, mit den Mandeln beginnend, zu einem glatten Pesto verarbeiten.

Vegane Mayonnaise, Grundrezept

ERGIBT ETWA 350 G

Dieses Grundrezept kann mit verschiedenen Kräutern und Gewürzen ergänzt, mit Ölen oder Tamari variiert oder anderweitig abgewandelt werden, je nachdem, zu welchem Gericht die Mayonnaise serviert wird.

ZUTATEN

100 ml ungesüßter Sojadrink
1 EL Apfelessig
1 EL Dijonsenf
½ TL Himalayasalz
200–250 ml mildes, kalt gepresstes Rapsöl

ZUBEREITUNG

Sojadrink, Essig, Senf und Salz mit einem Mixer pürieren. Das Öl in einem dünnen, gleichmäßigen Strahl zugießen und alles zu einer cremigen Mayonnaise verrühren. Je mehr Öl man zufügt, umso dicker wird die Mayonnaise.

TIPP:

Die Grundmayonnaise hält sich mehrere Wochen im Kühlschrank.

Grünkohlpesto mit gerösteten Mandeln

Avocado-Kräuter-Dressing

Vegane Mayonnaise

Haselnusspesto mit Rucola

Haselnusspesto mit Rucola ERGIBT ETWA 250 G

Das Pesto aus gerösteten Haselnüssen und pfeffrigem Rucola eignet sich gut als Basis eines Dressings, in einem Salat oder als Beilage. Ich verwende dafür gut gereiften Parmesan mit seinem kräftig salzigen Käsegeschmack. Bei der veganen Variante tauscht man den Käse gegen 2 EL Hefeflocken aus.

ZUTATEN

½ Knoblauchzehe

65 g Rucola

60 g Haselnüsse, gehäutet
     und geröstet

100 ml kalt gepresstes Rapsöl

1 TL Zitronensaft

30 g Parmesan, gerieben

Himalayasalz

frisch gemahlener schwarzer Pfeffer

ZUBEREITUNG

Den Knoblauch schälen, den Rucola waschen und trocken schütteln, etwas zerzupfen. Im Mixer alle Zutaten, mit den Nüssen beginnend, zu einem glatten Pesto verarbeiten. Mit Salz und Pfeffer abschmecken. Eventuell noch mehr Öl hinzugießen, damit das Pesto flüssiger wird

TIPP:

So häuten Sie Haselnüsse: Den Backofen auf 200 °C (Ober-/Unterhitze) vorheizen. Die Nüsse auf ein Blech legen und 10 Minuten im vorgeheizten Ofen auf der mittleren Schiene rösten, bis die braune Außenhaut aufplatzt. Herausnehmen, abkühlen lassen, dann die Nüsse in einem sauberen Küchentuch abrubbeln.

Zutatenlexikon

AGAVENSIRUP

Veganes Süßungsmittel, das aus der Agavenpflanze gewonnen wird. Hoher Süßgehalt, es sollte maßvoll verwendet werden, da es einen hohen Fruktosegehalt besitzt.

ALFALFASPROSSEN

Supersprossen, die voller Vitamine, Proteine und Mineralien stecken. Unser Körper kann die wichtigen Nährstoffe aus gehaltvollen Samen leichter aufnehmen, wenn Samen gekeimt sind. Deshalb sind Sprossen ein wichtiger Bestandteil einer gesunden Ernährung. Man kann sie fertig kaufen, sie lassen sich aber auch zu Hause auf der Fensterbank einfach selbst ziehen. Als Topping sind sie nicht nur dekorativ, sondern verleihen etwa einem Salat auch einen leichten Crunch.

BELUGALINSEN

Hübsche, kleine schwarze Linsen, die man nicht einweichen muss. Sie behalten auch beim Kochen ihre Form und eignen sich daher gut als Salatzutat. Die Linsen können Sie nach dem Kochen in einem Schuss Ihres Salatdressings marinieren – dabei nehmen sie besonders viel Geschmack an. Ich koche sie gern ein wenig kürzer und schrecke sie dann mit kaltem Wasser ab, um etwas mehr Biss und ihre schöne Form zu erhalten.

BOHNENNUDELN UND REISNUDELN

Nudeln, die aus Mehl von Hülsenfrüchten oder aus Reis hergestellt werden. Sie sind glutenfrei und besitzen einen höheren Proteingehalt und weniger Kohlenhydrate als »normale« Nudeln. Außerdem benötigen sie oft nur eine kurze Kochzeit und lassen sich gut mit einer schmackhaften Sauce mischen.

BUCHWEIZEN

Er ist der Samen einer Pflanze und natürlich glutenfrei. Buchweizen ist sehr vielseitig, man kann ihn sowohl roh (nach kurzem Einweichen), geröstet, gekocht oder gekeimt verwenden. Eingeweicht schmeckt er gut in einem Raw-Salat, aber auch in anderen gemischten Salaten. Geröstet verarbeite ich ihn gern als Topping für alle möglichen Gerichte, gekocht bildet er die Grundlage für meine Buchweizenbällchen (siehe Seite 84). Gekeimten Buchweizen kann man so wie den ungekochten (raw) verwenden, aber während des Keimens bilden sich zusätzlich Enzyme im Keimling, die die eingekapselten Nährstoffe besser zugänglich machen. Zum Keimen spült man Buchweizen in einem feinmaschigen Sieb zuerst mit heißem und dann mit kaltem Wasser ab. Dann wird er acht Stunden eingeweicht. Dann wieder gründlich unter fließendem kaltem Wasser abspülen, bis die geleeartige Außenhaut abgespült ist. Den Buchweizen in einem feinmaschigen Sieb auf eine Schüssel setzen (alternativ in eine Keimschale oder ein Sprossenglas geben) und mit einem

Tuch abdecken. Bei Raumtemperatur stehen lassen und täglich mindestens zweimal gründlich spülen (ohne die Sprossen zu berühren, denn sie reagieren sehr empfindlich auf Bakterien). Nach etwa zwei Tagen beginnen die Körner zu keimen und können gegessen werden. Die Keime, die nicht sofort gegessen werden, kann man gut abgetropft im Kühlschrank aufbewahren.

CANNELLINIBOHNEN

Die kleinen weißen Bohnen sind reich an Protein und wichtigen Mineralien wie Eisen und Magnesium. Es gibt sie getrocknet, aber auch vorgekocht in Dosen, sodass sie zu vielen Mahlzeiten schnell und praktisch Proteine liefern können. Gekochte Bohnen schmecken kalt gut, mit einem Dressing mariniert, aber auch warm – dann am liebsten in etwas Rapsöl bei starker Hitze im Wok gebraten, bis sie eine knusprige Schale bekommen, die etwas aufplatzt.

DINKEL

Dinkel ist ein Vollkorngetreide, reich an Ballaststoffen und Mineralien. Dinkel hat einen kernigen Biss und trägt zu einem gut sättigenden Salat bei. Die Verwendung erfordert allerdings etwas Vorbereitung, denn Dinkel muss mindestens acht Stunden vor dem Kochen gewaschen und ein-

geweicht werden, damit die Enzyme aktiviert werden. Dadurch werden die Nährstoffe besser zugänglich und der Dinkel leichter verdaulich. Je nach Länge der Einweichzeit kann sich die Kochzeit etwas verkürzen – probieren Sie deshalb nach drei Viertel der Kochzeit, wie weich das Getreide schon ist. Dinkel ist gar, sobald er weich ist, darf aber ruhig noch etwas Biss haben. Dinkel enthält Gluten.

EMMER

Eine uralte Getreidesorte, die bereits vor 1000 Jahren gegessen wurde. Als eine Weizenart enthält sie zwar auch Gluten, aber weniger als die heutigen Weizensorten. Emmer ist nährstoffreich und enthält sowohl Proteine als auch Ballaststoffe und Mineralien. Emmer ist im gut sortierten Lebensmittelhandel erhältlich. Die Körner kann man warm oder kalt essen. Sie verleihen Salaten Biss.

GROSSE WEISSE BOHNEN

Sie werden auch Limabohnen genannt, enthalten viele Proteine sowie Ballaststoffe und haben trotz ihres niedrigen Fettgehalts einen etwas buttrigen Geschmack. Sie können statt Kichererbsen im Hummus oder als Alternative zu Cannellinibohnen in Salaten ver-

wendet werden (wie zum Beispiel im Bohnensalat mit roh gehobeltem Blumenkohl und Feigen, siehe Seite 31).

GRÜNE LINSEN (PUY-LINSEN)

Proteinreiche Linsen, die schnell zubereitet sind, weil man sie vor dem Kochen nicht einweichen muss. Sie schmecken in Suppen und Eintöpfen ausgezeichnet, aber auch kalt in Salaten. Kochen Sie sie gern etwas kürzer und lassen Sie sie in kaltem Wasser oder einer kalten Marinade abkühlen. So bleiben sie bissfest und behalten ihre Form am besten.

GRÜNE SOJA-BOHNEN – EDAMAME

Schöne glänzende Bohnen, die voller Proteine stecken. Sie haben eine festere Konsistenz als andere Bohnen. In der japanischen Küche verwendet man sie häufig und serviert die jungen Sojabohnen (»Edamame«) in ihren Schoten als Snacks, die man in Meersalz stippt. Sie sind tiefgekühlt erhältlich (sowohl als gepalte Bohnen als auch in Schoten) und müssen nur kurz in heißem Wasser aufgetaut werden. Dann sind sie verzehrfertig.

HANFSAMEN

Kleine Samenkörner voller Proteine und gesunder Fette. Sie haben einen leicht nussartigen, milden

Geschmack und schmecken im Salat oder im Frühstücksmüsli. Hanfsamen sind in Bioläden und Reformhäusern erhältlich.

HEFEFLOCKEN

Eine Hefeform ohne Triebmittel, die sowohl Vitamine als auch Mineralien enthält. Hefeflocken schmecken nussig und leicht käsig, sind aber vegan. Deshalb kann man sie gut als Käse-Ersatz bei veganen Zubereitungen verwenden.

HIMALAYASALZ

Ein unraffiniertes Mineralsalz aus dem Himalaya. Es hat eine sehr natürliche salzige Note. Sein Gehalt an Natriumchlorid ist niedriger als der von normalem Salz, es enthält stattdessen Mineralien und Vitamine, die normalem Speisesalz beim Raffinieren entzogen werden. Himalayasalz ist im gut sortierten Lebensmittelhandel, in Bioläden und Reformhäusern erhältlich.

HIRSE

Hirse ist in Flockenform und in ganzen Körnern erhältlich. Mit den Flocken ist ein Porridge zum Frühstück schnell gekocht; die ganzen Körner eignen sich gekocht für Bratlinge oder in Salaten. Sie ähneln Quinoa oder können statt Couscous verwendet werden. Hirse ist reich an Ballaststoffen, Mineralien, Vitaminen und Proteinen und außerdem von Natur aus glutenfrei.

KICHERERBSEN

Sie werden auch Garbanzo-Bohnen genannt, sind aber Erbsen mit einem leicht nussigen Geschmack und stecken voller Proteine, Mineralien und Ballaststoffe. Kichererbsen sind vielseitig verwendbar: Sie werden für einen cremigen Hummus püriert (siehe Seite 104) oder als Topping für einen Salat geröstet (Grüner Caesar Salad, siehe Seite 36). Kichererbsen sind Bestandteil gut sättigender Bratlinge, klassischer Falafel oder von Eintöpfen und Suppen. Kichererbsen sind vorgekocht in Konserven oder getrocknet erhältlich, letztere müssen erst eingeweicht und dann gekocht werden.

KOKOSÖL, KALT GEPRESST

Ein kalt gepresstes Öl, das hohe Temperaturen verträgt und deshalb ausgezeichnet zum Woken oder Braten verwendet werden kann. Es ist auch geschmacksneutral erhältlich, wenn man keinen Kokosgeschmack in einem Gericht haben möchte.

NACKTHAFER

Ein Vollkorngetreide, bei dem Keim und Kleie erhalten bleiben und nur die Schale entfernt wird. Nackthafer ist deshalb geschmacksintensiver und hat einen höheren Nährstoffgehalt als normaler Hafer. Auch er erfordert etwas Vorbereitungszeit, weil er vor dem Kochen eingeweicht werden muss, damit er leichter verdaulich wird. Je nach Länge der Einweichzeit kann sich die Kochzeit etwas verkürzen – probieren Sie deshalb nach drei Viertel der Kochzeit, wie weich das Getreide schon ist. Nackthafer ist gar, sobald er weich ist, darf aber ruhig noch etwas Biss haben. Dem Salat verleiht er einen kernigen Biss, ist gut sättigend und steckt voller Nährstoffe. Er enthält Mineralien und ist außerdem eine gute Proteinquelle. Enthält Gluten.

NORI

Nori sind getrocknete Algen, die in der Japanischen Küche verwendet werden, unter anderem zur Herstellung von Sushi. Nori eignen sich auch als delikates Würzmittel, erhältlich in Blattform und als Streusel, das ausgezeichnet zu einem asiatischen Salat passt.

ROTER REIS

Nährstoffreicher Vollkornreis von schöner roter Farbe, er hat einen kernigen Biss und einen leicht nussigen Geschmack. Der Reis schmeckt sowohl warm als auch kalt in Salaten, dazu sollte er nach dem Kochen

kurz mit kaltem Wasser abge-
schreckt werden, damit die Körner
nicht zusammenkleben. Man kann
auch Risotto daraus zubereiten.

SCHWARZWURZELN

Bei Schwarzwurzeln handelt es sich
um ein schlankes Wurzelgemüse
mit schwarzer Schale und weißem
Fruchtfleisch. Die Wurzeln müssen
gründlich geschält und danach
sofort zubereitet oder in Wasser mit
etwas Zitronensaft gelegt werden,
weil sie sonst schnell schwarz anlau-
fen. Ihr Geschmack erinnert an weißen Spargel, die Wurzeln haben
aber eine etwas festere Konsistenz.
Sie schmecken gut in Suppen, aber
auch gedünstet als Gemüse oder im
Backofen »al dente« geröstet.

TAHINI

Tahini ist eine Paste aus gemahle-
nem Sesam, es gibt dunkle und helle Tahini. Dunkle Tahini entsteht aus
geröstetem Sesam und hat einen
recht kräftigen Geschmack. Die helle Paste wird aus geschältem Sesam
hergestellt, ist im Geschmack milder
und hat eine leichtere Konsistenz. Ich
mag die helle lieber und habe deshalb für alle Rezepte in diesem Buch
die Mengenangaben an die helle
angepasst. Probieren Sie selbst aus,
ob Sie bei der dunkleren Tahini lieber
etwas weniger nehmen.

TAMARI

Sojasauce mit intensivem, kräftigem
Geschmack. Sie wird genauso wie
normale Sojasauce aus fermentier-
ten Sojabohnen hergestellt, ist aber
glutenfrei. Achten Sie darauf, ein Produkt zu kaufen, für das die Sojabohnen ausdrücklich nicht gentechnisch
verändert wurden. Ich kaufe immer
Bio-Tamari, weil »normale« Sojabohnen gewöhnlich sehr stark gespritzt
werden.

TOFU

Veganes Produkt aus Sojabohnen,
das vollwertige Proteine enthält. Die
am häufigsten vorkommenden Formen sind fester Tofu (natur und
gewürzte Varianten) sowie Seidentofu. Fester Tofu eignet sich gut zum
Marinieren und zum Backen im
Ofen, zum Frittieren oder Woken.
Seidentofu ist perfekt für veganes
Backen oder als Grundlage in veganen Dressings. Festen Tofu presst
man vor dem Marinieren am besten zwischen Küchenpapier mit
einem Gegenstand beschwert etwa
30 Minuten. Bevorzugen Sie auch
hier gentechnisch unveränderte Bio-
produkte.

ZA'ATAR

Die arabische Gewürzmischung besteht aus Gewürzsumach, weiteren
getrockneten Gewürzen, Salz und
Sesam. Sie ist vielseitig verwendbar,
etwa als Suppenwürze oder zum
Bestreuen von Gemüse, das im Ofen
gebacken wird. Besonders köstlich
schmeckt etwas Za'atar auf pürierter
Avocado als Körnerknäckebrot-Auf-
strich.

Rezeptregister

Ein ganz herzliches Dankeschön an ...

meine Familie – meine Eltern und meine Schwestern Josefine und Louise. Danke für alle gemeinsamen Abendessen, Restaurantbesuche, Picknicks, Kaffeekränzchen, gemütlichen Wochenendessen und langen Sonntagsfrühstücke. Und danke dafür, dass ihr so oft vorgekostet habt. Einen besonders herzlichen Dank an den weltbesten Souschef, meine Mutter, die mir geholfen hat, alle Rezepte aus diesem Buch probehalber zuzubereiten.

Die Crew: Meine Verlegerin Cecilia Viklund – dass du an meine Idee geglaubt hast und mir geholfen hast, dieses Buch mit genauso viel Eifer und Leidenschaft zu verwirklichen, wie ich sie für gesundes, vegetarisches Essen empfinde. Meine Lektorin Åsa Karsberg und die Layouterin Anna Ågren für eure tolle Arbeit, eure professionellen Kenntnisse und nicht zuletzt eure große Geduld.

Die Fotografin Fanny Hansson – meine liebe und begabte Freundin, auf die ganz selbstverständlich meine Wahl für die Aufnahmen zu diesem Buch fiel. Die Fotos sind fantastisch und du bist großartig.

Das Team der Zeitschrift »Buffé« – Tony, Camilla, Ellinor, Irina, Lina und Sofia. Danke für all das, was ich von euch gelernt habe. Und für die weltbeste Praktikumszeit, in der ich gemerkt habe, dass das die richtige Arbeit für mich ist!

Familie Lorick – dass wir die Küchenfotos in eurem schönen Haus machen durften.

Västergården – für die Leihgabe des unglaublich schönen Keramikgeschirrs, in dem die Salate und Beilagen noch toller aussehen. Mehr über alle Västergården-Produkte auf www.vastergarden.se

Sie als Leserin und Leser – weil Sie das Buch in Ihren Händen halten. Es freut mich, dass Sie darin blättern und ich hoffe, Sie bekommen Lust, richtig gutes, vegetarisches und gesundes Essen zuzubereiten und zu essen. Stellen Sie gern eigene Fotos unter #thenewgreensalad in soziale Medien ein, wenn Sie etwas aus diesem Buch gemacht haben (und gern auch eigene Kreationen!).

Von der Amateurköchin zum Gesundheits-Foodie, die ihre Leidenschaft zum Beruf gemacht hat

Essen und Kreativität sind ganz ihre Sache. Von der Auswahl der Zutaten bis zu den fertigen Gerichten zeugt alles von viel Inspiration und einem glücklichen Händchen bei der Zubereitung. Es zeigt, wie wichtig ihr ein gesunder Lebensstil ist. Für Therese sind Kochen, Styling und Essen Ausdrucksmittel ihrer Kreativität geworden, die zuvor in Illustrationen und Texten Gestalt annahm. Als sich ihr die große Welt der Gastronomie während eines Praktikums bei der schwedischen Gastro-Zeitschrift »Buffé« öffnete, entschied sie sich, mit dem Thema Essen durchzustarten. Wohlschmeckende vegetarische Gerichte und gesundes vegetarisches Kochen sind inzwischen zu ihrem Erkennungszeichen geworden. Andere zu inspirieren und ihnen die Welt köstlicher Veggie-Gerichte nahezubringen sind zwei ihrer stärksten Antriebskräfte. Das kommt auch in allen Rezepten, Artikeln und anderen Auftragsarbeiten, an denen Therese schreibt und arbeitet, zum Ausdruck.

Therese Elgquist ist als Gastro-Journalistin, Stylistin und Rezeptentwicklerin tätig, arbeitet aber auch als Caterer und Kursleiterin. Außerdem hat sie ein Studium in Strategischer Kommunikation absolviert. Ihre Essphilosophie ist, gesundes vegetarisches und ausbalanciertes Essen mit vielen Texturen und Geschmacksrichtungen zuzubereiten.

Für die deutsche Ausgabe
Programmleitung Monika Schlitzer
Redaktionsleitung Caren Hummel
Projektbetreuung Melanie Haizmann
Herstellungsleitung Dorothee Whittaker
Herstellungskoordination Arnika Marx
Herstellung Stefanie Staat

Übersetzung Marie-Luise Schwarz
Lektorat Sabine Durdel-Hoffmann
Satz Regine Lüdiger, München

Titel der schwedischen Originalausgabe:
THE NEW GREEN SALAD

Das Original erschien 2017 bei Bonnier Fakta
in Schweden.

Fotos Fanny Hansson
Design Anna Ågren
Redaktion Åsa Karsberg, Cecilia Viklund
Repro Italgraf Media AB, Stockholm

ISBN 978-3-8310-3452-9

Druck und Bindung Livonia Print, Lettland

Besuchen Sie uns im Internet
www.dorlingkindersley.de

Hinweis
Die Informationen und Ratschläge in diesem Buch sind
von den Autoren und vom Verlag sorgfältig erwogen
und geprüft, dennoch kann eine Garantie nicht über-
nommen werden.
Eine Haftung der Autoren bzw. des Verlags und seiner
Beauftragten für Personen-, Sach- und Vermögens-
schäden ist ausgeschlossen.